Boer * Damm * Lechtape
Schöne Höfe im Münsterland

Hans-Peter Boer
Theo Damm
Andreas Lechtape

Schöne Höfe im Münsterland

Zeugen ländlicher Baukultur aus fünf Jahrhunderten

Zweite Auflage

VERLAG ASCHENDORFF MÜNSTER

Die Autoren

Hans-Peter Boer wurde 1949 in Nottuln geboren. Nach Abitur und Studium in Münster arbeitete der als Lehrer für Deutsch und Geschichte an verschiedenen Schulen. Seit den 1970er Jahren hat er zahlreiche Veröffentlichungen besonders zur Kulturgeschichte des Münsterlandes vorgelegt. Heute leitet Boer das Dezernat „Regionale Kultur und Weiterbildung" bei der Bezirksregierung in Münster.

Theo Damm, geboren 1940 in Friesland, studierte Architektur und war 26 Jahre lang Baureferent der Landwirtschaftskammer Westfalen-Lippe. Zu seinem Arbeitsgebiet gehörte die Erhaltung und Umnutzung alter Höfe. Im Fachbereich Ländliches Bauen lehrte er an der FH Münster, promovierte 1990 in Hannover und veröffentlichte mehrere Fachbücher.

Andreas Lechtape, geboren 1956, Ausbildung zum Fotografen an der FH Dortmund, seit 1986 freiberuflich tätig in Münster mit den Arbeitsschwerpunkten Architekturfotografie und Kunstdokumentation. Bildautor vieler Reise- und Kunstbücher. Erste Veröffentlichung im Verlag Aschendorff: „J.C. Schlaun – Sein Leben, seine Zeit, sein Werk" (1995), zusammen mit Hans-Peter Boer.

Zweite, bearbeitete Auflage, 2008

Bildnachweis

Alle Fotos Andreas Lechtape, außer: Elling/Eiynck (S. 34 unten); Schulze Hauling (S. 56 rechts unten); Cafe Haus Veltrup, T. Langpap (S. 63 Mitte links); Sprenker Bockholt (S. 137 rechts unten); A. Wessendorf (S. 168 oben links, 169 oben rechts); Marcus Erning (S. 211 Mitte rechts); Theo Damm (S. 36 oben rechts, S. 60, S. 77 oben, S. 124 unten links u. rechts, S. 167 oben rechts, unten links, S. 169, S. 180 unten links, S. 181 unten rechts, S. 184 oben links und unten, S. 191 unten links, rechts Mitte und unten, S. 211 oben und Mitte links).

Alle Skizzen Theo Damm, außer Zeichnungen aus Josef Schepers, *Haus und Hof westfälischer Bauern* (S. 10, 13, 50, 52, 53, 54, 55, 148, 149, 151) und historische Hofkarten (S. 41, 70, 89, 198). Bildbearbeitung der Skizzen: Isabell Klostermann

© 2007 Aschendorff Verlag GmbH & Co. KG, Münster

Das Werk ist urheberrechtlich geschützt. Die dadurch begründeten Rechte, insbesondere die der Übersetzung, des Nachdrucks, der Entnahme von Abbildungen, der Funksendung, der Wiedergabe auf fotomechanischem oder ähnlichem Wege und der Speicherung in Datenverarbeitungsanlagen bleiben, auch bei nur auszugsweiser Verwertung, vorbehalten. Die Vergütungsansprüche des § 54 Abs. 2 UrhG werden durch die Verwertungsgesellschaft Wort wahrgenommen.
Gesamtherstellung: Aschendorff Druck und Dienstleistungen GmbH & Co. KG, Druckhaus Münster, 2008

ISBN 978-3-402-00434-0

Inhalt

Zum Geleit (7)

Einleitung (9)

Kreis Borken   Haus Hardenberg (23) – Hof Belting (24) – Haus Diepenbrock (24) – Schulze Mengering (25) – Hof Klein-Thebing (26–27) – Hof Aehling (28) – Haus Döring (29) – Ökonomie Schloss Raesfeld (30) – Hof Schulze Beiering (30) – Haus Lohn (31) – Schulze Hessing (32) – Kötterhaus des Hofes Hessing (33) – Hof Engering (34) – Hof Pels (35) – Hof Ross (36) – Hof Brösterhaus (37) – Schulze Holthausen (38-39) – Hof Jünck (40) – Hof Keppelhoff-Wiechert (41) – Schulze Kappelhoff (42–44) – Hof Söbbing (45–47) – Haarmühle (48) – Wassermühle Nienborg (49–50) – Schulze Hauling (51–56)

Kreis Steinfurt   Plagemanns Mühle (57) – Schulte Welling (58-59) – Der „Alte Posthof" und Haus Wellbergen (60–61) – Hof Bense (62) – Schulte Veltrup (63) – Hollicher Windmühle (63) – Haus Hörsten (64) – Bispinghof (65) – Schulze Lefert (65) – Hof Floer (66) – Schulze Marquarding (67) – Große Einigmann (68–69) – Schulze Hansell (70–73) – Hof Wachelau (74–75) – Schulzenhof Lintel (76) – Hof Hohelüchter (77) – Schulze Höping-Pellengahr (78-79) – Knollmanns Mühle (80) – Schultenhof (80–81) – Gut Langenbrück (82–83) – Hof Driehof (84–85) – Hof Lagemann (86) – Hof Grothmann (86) – Gut Erpenbeck (87–89) – Hof Berkemeier (90) – Hof Schmiemann (91) – Hof Waltermann (91) – Hof Keller (92)

Kreis Warendorf   Haus Westerhaus (93) – Pfarrhaus St. Pankratius (93) – Schulze Dernebockholt (94) – Haus Sunger (95) – Hof Farwick-Hahues (96–97) – Schulte Raestrup (98–99) – Große Erdmann (99) – Hof Höhmann (100) – Schulze Osthoff (101) – Große Lembeck (102–105) – Wassermühle Haus Langen (106) – Haus Ostdorsel (106) – Wassermühle Kloster Vinnenberg (107) – Schulze Hakenesch (108) – Schulze Vohren (109–110) – Schulze Zurmussen (111) – Hof Stauvermann (111) – Haus Diek (112) – Windmühle Westkirchen (112) – Haus Vornholz (113) – Hof Overesch (114) – Hof Schick (115) – Hof Markenbeck (115) – Hof Meier Westhoff (116) – Hof Schulze Pellengahr (117) – Hof Linnenbrink (118) – Haus Geist (119) – Hof Teupe-Backmann (120) – Hof Günnewig (120)

Kreis Coesfeld   Hof Schulze-Gaupel (121) – Schulte Homoet gt. Gut Möltgen (122–123) – Ahmann auf der Beerlage (124) – Aussiedlung Leivermann (124) – Schulze Bremer (125) – Schulze Esking (126-127) – Haus Runde (128–129) – Schulze Temming (130) – Schulze Schleithoff (131) – Hof Rabert (132–133) – Stapels Mühle (134–135) – Schulze Brock (136) – Schultenhof Bockholt (137) – Schulze Bisping (138) – Gut Holtmann (139–141) – Hof Meier (142) – Kellermann (143) – Leiermann (144) – Schulze Bisping (145) – Bayer-Eynck (146) – Krunke (147) – Eilmann (147) – Schulze Westerath (148) – Schulze Tilling (149) – Schulze Hauling (150-151) –

Schulze Johann (152-155) – Schulze Detten (156) – Scharlau-Reißelmann (156) – Schulze Tilling (157) – Schulte Wien (158) – Schulte Eistrup (158) – Schulze Averbeck (159) – Zumbülte (160-161) – Haus Darup (162-164) – Schulze Darup (165) – Hof Potthoff (166-167) – Schulze Frenking (168) – Wehmhof (169) – Schulze Finkenbrink (170) – Hof Raestrup (170-171) – Bonmann (172) – Erkenbölling (173) – Haus Klein Schonebeck (174) – Karthaus (175) – Schulze Heiling (176) – Rentei (177) – Haus Byink (178) – Haus Romberg (179) – Hof Schulte Steinhorst gen. Pellengahr (180-181) – Bauhaus Burg Lüdinghausen (182) – Der Wirtschaftshof von Burg Vischering (183) – Hof Selhorst (184)

Münster Haus Brock (186) – Haus Vögeding (187) – Haus Rüschhaus (188–189) – Gut Vorberg (190–191) – Schulze Relau (192) – Haus Coerde (192–193) – Gut Havichhorst (194) – Schulze Leusing (195) – Haus Dyckburg (196–197) – Haus Reithaus (198–199) – Fronhof (200) – Jagdpavillon (201) – Haus Herding (202) – Haus Köbbing (203) – Hof Brüning-Sudhoff (204–205) – Haus Loevelingloh (206) – Hof Holtschulte (207–209) – Holkenbrink und Lehmkuhl (210–211) – Schulze Blasum (212) – Haus Kump (213) – Mühlenhof (214–215)

Literatur in Auswahl (216)

Zum Geleit

Dieser Band stellt „schöne Bauernhöfe" vor, die durch ihre bauliche Gestaltung beeindrucken und im Münsterland „offensichtlich" sind. Viele dieser Anlagen sind den Autoren aus dienstlichen oder ehrenamtlichen Tätigkeiten bekannt geworden und zumindest dem Fachpublikum durchaus vertraut. Andere wunderschöne Hofanlagen liegen jedoch versteckt in der Parklandschaft und sind nur schwer zu finden. Eine Reihe von wertvollen Hinweisen erhielten wir aus der Landwirtschaftskammer und von Behörden der Landes- und der Denkmalpflege. Wichtige Tipps verdanken wir auch Heimatvereinen und einzelnen Privatpersonen – vor allem den ländlichen Architekten. Ihnen allen sind wir zu Dank verpflichtet.

Die Festlegung der letztlich abgebildeten Objekte erfolgte zunächst aus der Perspektive des Fotografen, allerdings in steter Abstimmung mit den Text-Autoren und dem Verlag. Das Foto erfasst dabei in der Regel die architektonischen Höhepunkte und kann gelegentlich ein Umfeld, das durch moderne Zubauten verstellt oder aufwändige Landwirtschaftstechnik erweitert ist, ausgrenzen. Es ist einzuräumen, dass es architektonisch in sich geschlossene und in ihrer Harmonie bewahrte, gewachsene Hof-Ensembles kaum noch gibt. „Schöne Bauernhöfe" sind mithin nur ein Teil der Wirklichkeit; sie bleiben aber ein bedeutendes Stück münsterländischer Volkskultur, an der sich der interessierte Wanderer und Reisende erfreuen darf.

Die Autoren haben sich auf Höfe beschränkt, die durch Gestaltung und Geschichte ein gewisses Gewicht haben. Die kleineren ländlichen Anwesen, die in der Entwicklung der letzten 50 Jahre als erste aus den Wirtschaftsprozessen herausfielen, haben in der Regel als erste mit ihrer Funktion durch Teil-Abrisse oder Umbauten auch ihr Gesicht verloren. Diese Gruppe ist zwangsläufig in unserer Darstellung nur schwach vertreten. Gewiss fehlen in diesem Werk ländliche Anwesen, die es ebenso verdient hätten, vorgestellt zu werden. Einige Objekte haben wir bestimmt übersehen. Unsere Auswahl ist letztlich subjektiv.

Aufgenommen sind einige Objekte aus dem Umfeld münsterländischer Adelssitze. Dabei handelt es sich in der Regel um die Wirtschaftsgebäude, die als besonders typisch erscheinen. Es sollte nicht übersehen werden, dass jede Wasserburg im Münsterland in erster Linie ein landwirtschaftlicher Betrieb war – oder sogar heute noch ist. Von daher ordnen sich diese Häuser mühelos in den Kranz schöner Höfe ein. Durch die Gebietsreform 1975 ist der Altkreis Tecklenburg mit dem Altkreis Burgsteinfurt verbunden worden. Er wird heute vielfach dem Münsterland zugerechnet.

Natürlich lädt unser Buch ein, einzelne Bauerschaften oder Höfe anzufahren, um sie näher zu besichtigen. Wir bitten die Leserinnen und Leser dabei zu bedenken, dass fast alle hier vorgestellten Hofanlagen im Privatbesitz und nicht öffentlich zugänglich sind. Somit sind viele der abgebildeten Sujets nicht in unmittelbaren Augenschein zu nehmen. Den Besitzerfamilien, die Gärten, Höfe und Häuser freundlichst geöffnet haben, danken wir für ihre Gastfreundschaft und Mitarbeit. Ihre Privatsphäre ist unbedingt zu achten.

Münster, im Sommer 2007

Andreas Lechtape Theo Damm Hans Peter Boer

Einleitung

Es ist ein strahlender Frühlingstag im Jahr 2006, an dem sich die drei Autoren dieses Buches erstmals zu einer Exkursion ins Kern-Münsterland verabreden: Der Fotograf, der Architekt, der Landeskundler. Vor ihnen liegt der Auftrag, ein Buch über Bauernhöfe im Münsterland zu gestalten, in dem die besonderen Schönheiten und Eigenheiten ländlicher Lebensformen, wie sie sich heute präsentieren, erfasst werden sollen. Zwar kennen sich die drei aus verschiedenen Arbeitsfeldern, aber da man so oft auch nicht zusammenarbeitet, ergeben sich vielfältige Diskussionen.

Das strahlende Wetter lockt, der Reihe nach werden Bauernhöfe im Bereich der südlichen Baumberge und des Stevertales angefahren, man stellt sich auf den Höfen vor, erbittet die Erlaubnis zum Fotografieren, genießt das schöne Wetter – und fachsimpelt natürlich über die ganz eigenen, persönlichen Erfahrungen mit dem Gegenstand, den ihnen der Verleger als gemeinsames Thema anvertraut hat.

Nicht lange – und das Gespräch kommt auf Professor Josef Schepers (1908–1989), den zumindest der Architekt und der Landeskundler noch gut gekannt haben. Der Gründungsdirektor des Westfälischen Freilichtmuseums für bäuerliche Kulturdenkmale in Detmold hat sein wissenschaftliches Leben ganz der Hausforschung gewidmet und in Jahrzehnten geduldiger und intensiver Arbeit „Haus und Hof westfälischer Bauern" bis in die Details erforscht, beschrieben und dokumentiert. Als junger Mann fuhr er schon in den 1930er Jahren auf dem Fahrrad bis in die entlegensten Winkel Westfalens, suchte die Bauurkunden aus früherer Zeit, nahm Maß und zeichnete meisterhaft auf, was sich seinem

Hof Brinkmann, Stevern.
Dreiständerhaus, vermutlich
18. Jahrhundert. Zustand ca. 1930

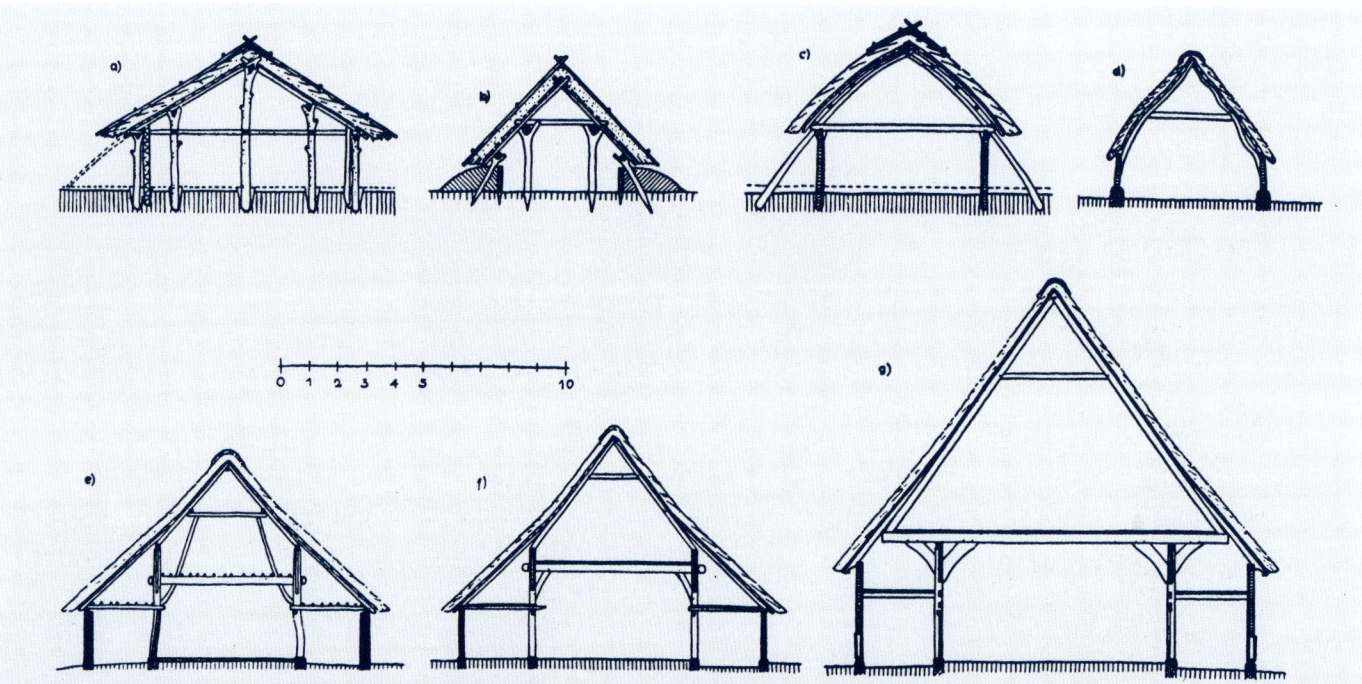

Abb. 9: Querschitte hausgeschichtlich bedeutsamer bäuerlicher Hausgerüsttypen unseres Raumes seit urgeschichtlicher Zeit. Fig. a: Jungsteinzeitliches Firstpfostengerüst der sog. Rössener Kultur (um 2500 v. Chr.) aus Bochum-Hiltrop, n. Brandt u. Beck, eingebundene Querverspannung ergänzt. Fig. b: Zweipfostengerüst des 3.—5. Jhs. v. Chr. aus Ezinge, niederländ. Prov. Groningen, eigene Rekonstruktion nach Grabungen van Giffens. Fig. c: Krummsäulenbau mit Zweipfostenstützung, 8. Jh. n. Chr., ergraben von W. Winkelmann bei Warendorf, eig. Rekonstruktion. Fig. d: Krummspanngerüst eines Schafstalls aus Rockstädt, Kr. Zeven (Han.), 19. Jh. n. Schepers 1943. Fig. e: Zweiständergerüst mit durchgezapften Ankerbalken, geneigtem Pfetten-Dachstuhl und Firstholz (Nadcl) aus Hoevelaken bei Amersfoort, niederländ. Prov. Utrecht, 17. Jh.?, n. Schepers 1943. Fig. f: Zweiständerbau mit durchgezapften Ankerbalken und reinem Kehlbalkendach aus Alstätte, Kr. Ahaus von etwa 1775 (vgl. Taf. 1). Fig. g: Zweiständerbau mit Dachbalken aus Aldrup b. Lengerich, Kr. Tecklenburg, erb. 1558, n. Schepers 1943.

Darstellung von Hausgerüsttypen aus Schepers, *Haus und Hof westfälischer Bauern*.

Auge damals noch bot. 1960 erschien sein monumentales Werk über die Haus- und Lebensformen im ländlichen Westfalen, das bis 1994 sieben Auflagen erlebt hat und längst europaweit als ein vorbildliches Standardwerk volkskundlicher Forschung gilt.

Je weiter der schöne Frühlingstag fortschreitet, je mehr man über die klassischen Haus- und Hofformen diskutiert, je mehr Plätze man anfährt, desto deutlicher wird, dass ein Buch über münsterländische Bauernhöfe am Beginn des 21. Jahrhunderts neuen Herausforderungen gegenübersteht. In die lebhafte Diskussion kehrt Ernüchterung ein. Am Ende des Tages, in der Diskussion am Gasthaustisch, ist eines klar: Das Bild, welches Josef Schepers noch zeichnen und ausdeuten konnte, hat sich völlig verflüchtigt. Seine Dokumentation ist heute ein „Museum auf Papier", ergänzt durch das von ihm gegründete und zunächst geleitete Freilicht-Museum in Detmold und die anderen Einrichtungen, die es zum Glück in ganz Westfalen gibt. Der radikale und rapide Wandel der Arbeits- und Lebensformen hat das altvertraute und noch lange gepflegte Bild bäuerlicher Traditionen komplett abgeräumt.

Insbesondere die Entwicklung nach dem Zweiten Weltkrieg hat das Bild des ländlichen Westfalen völlig verändert. Das Ziel aller „grünen Pläne" war klar: Deutschland sollte nicht noch einmal eine Hungersnot erleben, wie sie noch zwischen 1945 und 1948 geherrscht hatte. Die Technisierung und Intensivierung der Landwirtschaft wurde beschleunigt. Die Flurbereinigungen gaben der Landschaft ein neues Gesicht. Die zahlreichen kleinen Bauernstellen verschwanden aus dem Wirtschaftsleben, die Arbeit konzentrierte sich mehr und mehr auf die großen und ertragreichen Höfe. Das Bauernhaus selbst erwies sich in seinen in Jahrhunderten gewachsenen Formen als nicht mehr tauglich für die Arbeitsprozesse einer auf Massenproduktion zusteuernden Agrikultur.

Schepers selbst war dieser Prozess nur zu bewusst, er hat ihn intensiv erfahren und teils noch dokumentiert. Den letzten Ausgaben seines Werkes fügte er Aufstellungen an, die nachwiesen, welche Häuser oder Hofanlagen inzwischen verschwunden waren. Diese Listen wurden immer länger. Nur die wenigsten der ländlichen Baudenkmale konnten für museale Arbeit gerettet werden, einige wurden im günstigsten Fall mit tiefen Einschnitten in den historischen Bestand umgebaut. Die meisten verschwanden jedoch sang- und klanglos, da sie keiner geeigneten Nutzung mehr unterworfen waren. Die einst großartige Fachwerk-Baukultur im Münsterland ist heute Vergangenheit. Die Anforderungen der Betriebswirtschaft gingen – natürlich – vor. Wer wollte es zudem den Familien auf dem Lande verden-

Mäusepfeilerscheune mit Querdurchfahrt in Stevern

ken, dass sie sich ebenfalls Wohnstätten wünschten, die dem gesteigerten Wohnkomfort entsprachen, Zentralheizung und zweckmäßige Sanitärbereiche aufwiesen und – ganz schlicht – der Zeit angemessen waren. So wurden Generationswechsel auf den Höfen oft zum tiefen Einschnitt, bei dem „dat aolle Hues" verschwand – und mit ihm komplette denkmalwerte Einrichtungen, oft genug auch ganze Hofarchive. In den 1960er Jahren kam die Ausplünderung durch einen auf ländliche Antiquitäten spezialisierten Handel hinzu. Nur noch Bruchstücke einer in Jahrhunderten gewachsenen Volkskultur wurden durch engagierte Kulturfreunde erhalten oder gelangten meist mit Hilfe der öffentlichen Hand ins Museum. Im öffentlichen Bild alter Höfe dominieren inzwischen Anlagen, die überwiegend in Werk- oder Ziegelstein errichtet wurden und insgesamt widerstandsfähiger waren, auch gegenüber dem Einbau moderner Betriebsanlagen.

Zugleich verschwindet im Laufe der Zeit die Erfahrungswelt der Menschen. Arbeitsformen und Techniken, die über Jahrhunderte alltäglich waren, gehen außer Gebrauch und werden vielleicht noch im Freilichtmuseum mühsam nachgeahmt. Das Wissen ganzer Generationen über alltägliche Herausforderungen in Großfamilie, Haus, Hof und Garten schmilzt dahin wie der Schnee vor der Sonne. Der „schöne Bauernhof" von heute gerinnt auf Hochglanzpapier vielleicht noch zur „Landlust", hat aber mit den harten Realitäten vergangener Zeiten keine eigentliche Verbindung mehr.

Dabei hat das Bauernhaus auch im Münsterland eine lange Entwicklung genommen und ist von seinen Bewohnern und Nutzern auf ein hohes Niveau und optimale Ausnutzung hin stetig verbessert worden. Mögen uns heute Wohnkomfort und Hygiene der alten Bauten als höchst mangelhaft erscheinen, so weisen z.B. die großen Vierständerhäuser doch kluge Raumnutzung und die Möglichkeiten optimaler Arbeitsabläufe aus, die sich aus der Entwicklung der Landwirtschaft im Laufe der letzten zwei Jahrtausende ergeben hatten. Josef Schepers hat die Entwicklung des Hauses auf der Basis der Arbeitsaufgaben beschrieben und dabei seine drei wesentlichen Funktionen umrissen: Hausen, Bergen, Stallen.

Das Aufstallen des Viehs im Winter erforderte Platz, eben die Ställe. Die Gewinnung von Korn, Heu und gedroschenem Stroh machte trockene Lagerflächen notwendig. Der Mensch endlich bedurfte eines Daches über dem Kopf. Aus den drei Funktionen entstanden im Laufe der Zeit Höfe mit geteilten Gebäuden und präziser Differenzierung, oder eben das eine beherrschende Haupthaus, in dem Mensch, Vieh und Vorrat unter einem Dach untergebracht und die meisten Funktionen ländlicher und hauswirtschaftlicher Tätigkeiten vereint waren.

Denn im niederdeutschen Hallenhaus mit seinen drei „Schiffen" werden in einer langen Weiterentwicklung die Aufgaben von Wohnung, Stallung und Bevorratung zusammengefasst. Das Vieh findet beiderseits der Deele seinen Platz, über den Vieh-

EINLEITUNG

Schuppen (sogenanntes „Porthues") in Stevern. Sonderentwicklung im Münsterland: bei kleineren Betrieben wurde dieses Torhaus nicht, wie bei Gutshöfen, als Brücken-Durchfahrt über die Gräfte, sondern als Schuppen genutzt.

ständen wird auf den Hillen das kurzfristig benötigte Futter gelagert, die größeren Vorräte an Gedroschenem und Ungedroschenem sind auf dem Balken wohl geborgen. Die Menschen endlich hausen am Kopf des Hauses, im Flett und im sich später entwickelnden Kammerfach. Das Herdfeuer wird zum Zentrum der Familie, der Platz am Herd zum Ort der Hausfrau. Das Bild ist natürlich vielfach idealisiert worden, nicht zuletzt von Justus Möser, dem großen Rechtsgelehrten aus Osnabrück, der im Jahre 1778 das niederdeutsche Hallenhaus preist:

„Der Herd ist fast in der Mitte des Hauses und so angelegt, da die Frau, welche bei demselben sitzt, zu gleicher Zeit alles übersehen kann. Ein so großer und bequemer Gesichtspunkt ist in keiner anderen Art von Gebäuden. Ohne von ihrem Stuhle aufzustehen, übersieht die Wirtin zu gleicher Zeit drei Türen, dankt denen, die hereinkommen, heißt solche bei sich niedersitzen, behält ihre Kinder und das Gesinde, ihre Pferde und Kühe im Auge, hütet Keller, Boden und Kammer, spinnet immerfort und kocht dabei. Ihre Schlafstelle ist hinter diesem Feuer, und sie behält aus derselben eben diese große Aussicht, sieht ihr Gesinde zur Arbeit aufstehen und sich niederlegen, das Feuer anbrennen und verlöschen und alle Türen auf- und zugehen, hört ihr Vieh fressen, die Weberin schlagen, und beobachtet wiederum Keller, Boden und Kammer. (...) Der Platz bei dem Herde ist der schönste unter allen. Und wer den Herd der Feuersgefahr halber von der Aussicht auf die Deele absondert, beraubt sich unendlicher Vorteile."

Zwar hielten die Bauern Dörrhütten und Schweine- wie Schafställe wegen der Brandgefahr und des Dunggeruches vom eigentlichen Haus fern, dennoch sind die Urteile über das westfälische Bauernhaus mit seinen bis in das 18. Jahrhundert kaminlosen Feuerstätten auch schon zur Zeit Mösers häufig sehr kritisch. Nicht nur der französische Philosoph Voltaire spottete über Wohnstätten und Lebensweisen im Norddeutschen Tiefland.

Dabei hatten speziell die Einzelhöfe mit ihren differenzierten Baulichkeiten durchaus ihren besonderen Reiz. Gleich am ersten Tag ihrer Rundreise besuchte das Autorenteam den Hof Meier in der Bauerschaft Lasbeck, ein baugeschichtliches Juwel innerhalb der Baumberge, gelegen vor der malerischen Kulisse eines Hochwaldes und alter Steinbrüche. Der Pachthof, der seit Menschengedenken zum adeligen Haus Havixbeck (Frhr. von Twickel) gehört, liegt auf der östlichsten Erhebung der Baumberge (hier ca. 180 m) und ist der höchstgelegene der münsterländischen Tieflandsbucht. Kämpe umgeben ihn, offensichtlich auf Rodungsland angelegt. Der Vierständerbau aus dem Jahre 1739 birgt noch Elemente eines Hauses des 16. Jahrhunderts und ist in klassischen Formen gebaut, verfügt über einen Keller, einen Doppelkamin und einen „Saal"; er ist also recht aufwändig gestaltet. Der Hof wird durch separate

Bauten ergänzt: Speicher, Mausepfeilerscheune, Backhaus, Schweinehaus und Holzschoppe. Seitwärts im Busch liegt eine weitere Scheune und unter einem schützenden Haus der 60 m tiefe Brunnen, auf dieser trockenen Hochfläche mit klüftigem Untergrund lebenswichtig für Mensch und Tier. Das gesamte Ensemble wird seit der Mitte des 18. Jahrhunderts bis in die Gegenwart Generation auf Generation von derselben Pächterfamilie bewohnt. Der Reiz besteht darin, dass die Landwirtschaft nur ein Teil der wirtschaftlichen Möglichkeiten ist. Das zweite Standbein ist der Steinbruch, der vom Hof aus betrieben wird. Nachweisbar schon um die Wende vom 18. zum 19. Jahrhundert sind die Bewohner des Hofes in weit verzweigte Wirtschaftsbeziehungen eingebunden, verkaufen sie Produkte aus Baumberger Sandstein in ganz Westfalen und weit über seine Grenzen hinaus. Kaufleute und Baumeister bringt die Familie hervor. Mit dem Abschwung der Steinbrüche schon in den 1950er Jahren verschiebt sich das Gewicht des Hofes wieder auf die Landwirtschaft.

Inzwischen werden die Meierschen Ländereien von zentraler Stelle aus mitbewirtschaftet. Auf der alten Hausstätte arbeitet wieder ein Steinmetz. So schließt sich der Kreis. Die großen Hofgebäude sind zum Glück erhalten und im Stand, nur der Speicher auf Mäusepfeilern wurde von Josef Schepers für das Detmolder Freilichtmuseum erworben, wo er 1974/75 als Bestandteil des Westmünsterländer Hofes einen neuen Platz gefunden hat. Das Brunnenhaus musste erneuert werden. Wegen der im alten Pütt lebenden zahllosen Fledermäuse ist das gesamte Umfeld als Fauna-Flora-Habitat unter besonderen Schutz gestellt. Meier am Busch ist ein Beispiel weitgehend geglückter Bewahrung

Der ersten Exkursion in die Baumberge folgten mehrere in die verschiedenen Bereiche des Münsterlandes. Die Diskussion des ersten gemeinsamen Arbeitstages wurde dabei ständig erweitert und differenziert, gelangte aber stets zum gleichen Resultat. Der massive Wandel auf dem Lande

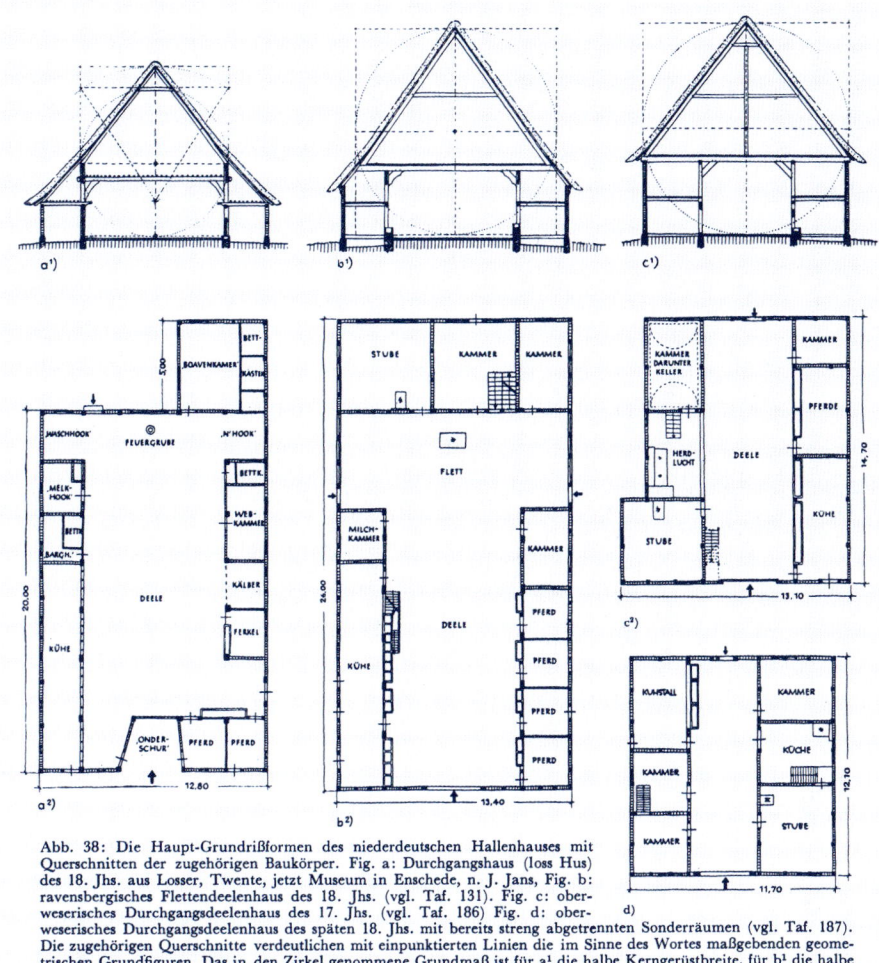

Abb. 38: Die Haupt-Grundrißformen des niederdeutschen Hallenhauses mit Querschnitten der zugehörigen Baukörper. Fig. a: Durchgangshaus (loss Hus) des 18. Jhs. aus Losser, Twente, jetzt Museum in Enschede, n. J. Jans, Fig. b: ravensbergisches Flettendeelenhaus des 18. Jhs. (vgl. Taf. 131). Fig. c: oberweserisches Durchgangsdeelenhaus des 17. Jhs. (vgl. Taf. 186) Fig. d: oberweserisches Durchgangsdeelenhaus des späten 18. Jhs. mit bereits streng abgetrennten Sonderräumen (vgl. Taf. 187). Die zugehörigen Querschnitte verdeutlichen mit einpunktierten Linien die im Sinne des Wortes maßgebenden geometrischen Grundfiguren. Das in den Zirkel genommene Grundmaß ist für a^1 die halbe Kerngerüstbreite, für b^1 die halbe Balkenlänge und für c^1 die halbe Hausbreite.

Darstellung der Haupt-Grundrissformen des niederdeutschen Hallenhauses aus Schepers, *Haus und Hof westfälischer Bauern*

hat sich überall durchgesetzt, wie es auch schon die erste Wanderung durch die so typische Bauerschaft Stevern südlich der Baumberge gezeigt hat.

Das Beispiel Stevern

Die Bauerschaft im Gebiet der heutigen Gemeinde Nottuln ist ein klassisches und gut erforschtes Beispiel für die ländliche Siedlung Westfalens. Der Landstrich am sanften Südhang der Baumberge mit seinem wasserreichen Flüsschen und den fruchtbaren Terrassen auf beiden Seiten der Aue hat schon früh die Menschen angezogen. Die bisher wohl älteste nachgewiesene Siedlung von Bauern und Viehzüchtern in der Münsterischen Bucht ist oberhalb der Steverquellen ausgegraben worden. Von einer über mehr als sechs Jahrtausende währenden, kontinuierlichen Besiedlung ist auszugehen. Dabei haben sich klassische „Drubbel" entwickelt, einmal die Hofgruppe „Westerode" unmittelbar bei den Quellen im engeren Tal der oberen Stever, dann die Hofgruppe um den alten Haupthof Schulte Stevermann (heute Schulze Westerath) in der Mitte der Bauerschaft. Wie eine Galerie aber ziehen sich die Höfe vor allem auf dem nördlichen Ufer des Flusses hin bis zur Kirchspielsgrenze.

Ohne jeden Zweifel ist Stevern der eigentliche Hauptort in den südlichen Baumbergen. Es ist gewissermaßen eine frühe Landesplanung, die schon im 9. Jahrhundert eingreift und der Entwicklung eine neue Richtung gibt. Mit der Eingliederung des Sachsenlandes in das Fränkische Reich werden Kirchspiele gegründet mit zentralen

Orten für Kirche, Pfarr- und Friedhof. Dieses Zentrum wird ganz an den südlichen Rand der Bauerschaft Stevern gelegt, in den heutigen Ort Nottuln, der mittig in einer Siedlungskammer zwischen dem Kamm der Baumberge im Norden und der sumpfigen, bis in die Gegenwart unpassierbaren Aue des Hagenbaches im Süden liegt. Dieser Ort entwickelt sich zwar zum organisatorischen und geistlichen Zentrum der engeren Region, aber Nottuln selbst kommt für die Landnahme viel zu spät. Das Dorf kann, weil von den viel älteren Bauerschaften umgeben, keine eigene Flur von Gewicht mehr ausbilden und bleibt wirtschaftlich der schwächere Part, auch wenn seit dem 9. Jahrhundert ein Frauenkloster und dem folgend zwischen dem 16. und dem frühen 19. Jahrhundert ein Hochadeliges Damenstift das politische Schwergewicht bilden.

Stevern aber bleibt im Netz der sieben Bauerschaften dieses Kirchspiels dominant. In den genau geführten Einwohnerlisten des 18. Jh.s zeigt sich, dass diese eine Bauerschaft zwar nur 20 % der Bevölkerung beherbergt, aber immerhin 40 % der Steuerlasten der gesamten Gemeinde tragen kann. Die besseren Böden und die wirtschaftlichen Möglichkeiten längs der Stever zeigen ihre Wirkungen. Tatsächlich weist das Stevertal eine bemerkenswerte Differenzierung aus. Um die großen Höfe haben sich längst zahlreiche Kotten und Heuerlingshäuser gelegt. Praktisch alle Landhandwerke sind vertreten: Schmied, Stellmacher, Zimmermann, Holschenmacher und zahlreiche Leinenweber, die das mineralreiche Wasser aus den Baumbergen für die Leinenbleiche nutzen. Natürlich gibt es eine eigene Schenkwirtschaft und der genossenschaftliche Ansatz kommt auch nicht zu kurz: Es gibt eine eigene Feuerspritze, die auf dem Haupthof Schulte Stevermann untergestellt ist. Die Mühle gehört aber dem Stift Nottuln, dem alle Nutzer per Mühlenzwang ihre Abgeben geben müssen.

Dass Stevern sich trotz eines bis heute erkennbaren Selbstbehauptungswillens nicht weiter entwickeln konnte, war Folge der Politik des Klosters und Stiftes in Nottuln, das Wert auf die zentralen Funktionen legte. Der Kirchort wurde das neue Zentrum für den regelmäßigen Gottesdienst, es beherbergte die lokale Verwaltung und die wenigen kleinen Kramläden. Die schon im frühen Mittelalter bedeutenden Haupthöfe der sieben Bauerschaften waren offiziell Dienstmannen (Ministerialen) der Äbtissin von Nottuln. Sie waren in ihrem Beritt zweifelsfrei mächtige Inhaber der bäuerlichen Ämter und führten eigene Wappen. Sie verfehlten aber im Mittelalter den Sprung in den niederen Adel, da die adeligen Damen – durchaus auch im Streit mit den Bischöfen von Münster – die lokale Herrschaft ganz an sich zogen, die Großbauern auch aus den genossenschaftlichen Ämtern herausdrückten und sich z.B. die Richterfunktionen in den Marken aneigneten. Nottuln gehört zu den wenigen Gemeinden des Münsterlandes, die in ihrer historischen Flur keine einzige Wasserburg vorzeigen können. Auch das ist Ergebnis machtorientierter Politik eines Frauenklosters.

Die Binnendifferenzierung der Bauernhöfe in Stevern blieb davon unberührt. Neben den Vollerben und den Halberben siedelten sich schon im 16. und 17. Jahrhunderts auf dem gemeinsamen Markenland kleinere Kotten an, an den großen Höfen hingen mit zunehmend wachsender Bevölkerung kleinere Gruppen von landlosen Heuerlingen, denen der Hofherr ein kleines Häuschen gegen Arbeitsverpflichtung zimmerte. Mit der Markenteilung nach 1825 wuchs die Zahl der Kleinbauern noch einmal an. Seit der Mitte des 19. Jahrhunderts gab es in der Bauerschaft etwa 80 selbständige Wohneinheiten, die sich alle mehr oder minder mit der Landwirtschaft befassten.

Der Wasserreichtum der Stever lockte weitere Nutzer an. Mit der Änderung des Mühlen- und Staurechtes entstand schon zu Beginn des 19. Jahrhunderts ein Kupferhammer, der Hof Schulte Stevermann legte sich eine eigene Mühle zu, ebenso der Hof Schulte Bölling aus der Nachbarbauerschaft Heller. Stevern blieb landwirtschaftlich bedeutend und entwickelte dementsprechend eine reiche Baukultur. Mächtige Vierständerhöfe standen und stehen neben kleineren Zweiständern, die nahen Baumberge beförderten – insbesondere seit dem 19. Jahrhundert – aber auch die Errichtung von Häusern, deren Mauerringe teilweise oder ganz in Sandstein geformt wurden. Einige dieser Höfe lassen Einflüsse städtischer Architektur erkennen und lösen sich vom klassischen Rahmen des Flettdeelenhauses.

Eine Wanderung durch Stevern zeigt heute die Wandlungen der Landwirtschaft und der ländlichen Baukultur im Münsterland in nuce, denn kürzlich wurden in Stevern noch acht landwirtschaftliche Vollerwerbsbetriebe gezählt, obwohl die etwa 80 historischen Hausstätten erhalten und bewohnt sind. Die meisten Bewohner sind längst aus der Landwirtschaft in andere Berufe abgewandert. Die alten Häuser wurden zunächst vielfach in Stallungen umgebaut und Neubauten unmittelbar daneben errichtet. Viele Nebengebäude vom Backhaus zur Remise oder der Hofwerkstatt sind ersatzlos verschwunden. An ihre Stelle sind Mastställe verschiedenster Bauart, Maschinenhallen, Güllebehälter und Siloanlagen getreten, die neue Einblicke in die gewandelten Wirtschaftsformen geben. Wo einst eine Hofgemeinschaft von zehn bis zwölf Menschen lebte und wirtschaftete, arbeitet heute eine Kleinfamilie. Pferde werden allenfalls dem Reitsport zuliebe gehalten, längst ist der Maschinenpark Stolz des Hofbesitzers, der nur als aktiver und vorsichtiger Kaufmann seinen Betrieb in die Zukunft führen kann.

Diese Entwicklung und der radikale Wandel auch der Bauernhöfe im Münsterland setzte mit der Revolution der Agrartechnik im 19. Jahrhundert ein.

Bauernhöfe der Neuzeit – ab 1850

Die Industrialisierung in Mitteleuropa ab der Mitte des 19. Jahrhunderts hatte starke Einflüsse auch auf das Bauen in der Landwirtschaft. Fortschrittliche Landwirte – in der Regel Besitzer größerer Betriebe – erkannten schnell die Vorteile und Anwendungsmöglichkeiten der Dampfmaschine und der Elektrizität als neue Energiequellen. So wurde, abgesehen vom Einsatz der neuen Technik in der Außenwirtschaft (z. B. Dampf-Pflüge), auf einigen Höfen auch der Göpel (Einsatz der tierischen Kraft als Antrieb für Arbeitsmaschinen) im Gebäude durch die zentrale oder mobile Einrichtung einer Dampfmaschine ersetzt. Diese wurde später überall abgelöst durch den Elektromotor.

Aufgrund der neuen Techniken – verstärkt durch die Abwanderung vieler Arbeitskräfte in die aufblühende Industrie – machte sich in damals modernen landwirtschaftlichen Kreisen die *Erkenntnis* breit, *dass das in Jahrhunderten gewachsene Westfälische Bauernhaus für die neue Landwirtschaft nicht mehr geeignet* sei. Die große Hofanlage (Abb. 1) mit Haupthaus und Nebengebäuden wie Torhaus, Hofscheune, Speicher, Wagenremise und Schweinestall war in

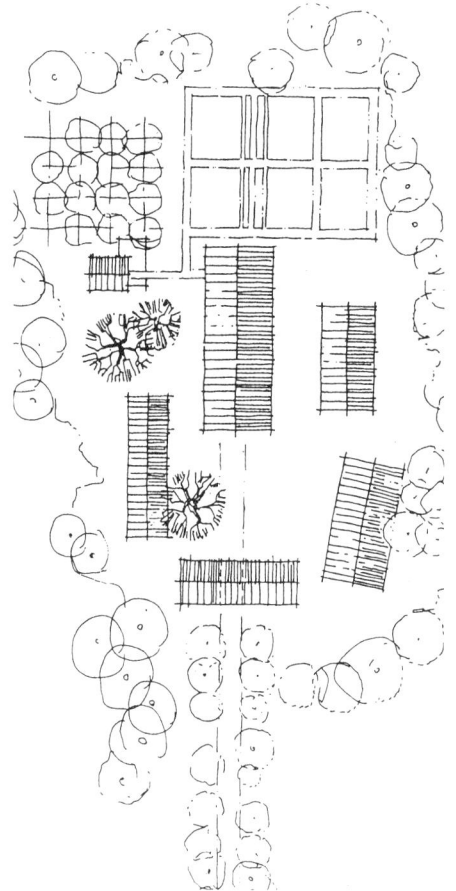

Abb. 1 Lageplan eines Münsterländischen Bauernhofes

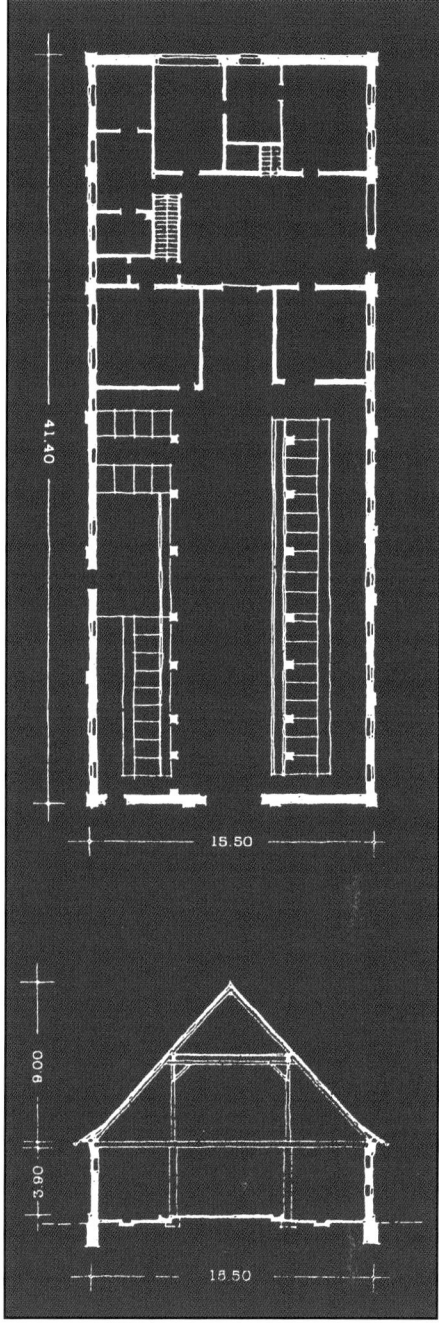

Abb. 2/3 Grundriss und Ansicht eines Haupthauses um 1850

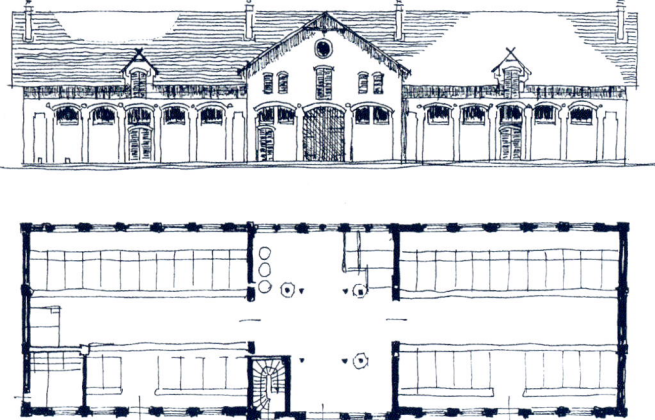

Abb. 4 Neuentwicklung eines Kuhstalles – 2. Hälfte des 19. Jahrhunders

Abb. 5 Stallscheune im südlichen Münsterland um 1850

ihrer auf Handarbeit vieler Helfer ausgerichteten Funktion den Anforderungen der modernen Wirtschaftsform nicht mehr gewachsen. Trotzdem wurden diese großartigen Haupthäuser noch achtzig bis hundert Jahre lang gebaut (Abb. 2,3,8) – solch ein Umbruch dauert seine Zeit. Ende des 19. Jahrhunderts weicht allerdings das Fachwerk dem moderneren Ziegelmauerwerk. Größere Lager- und Maschinenhallen sind nun für die Zukunft wegweisend, ebenso entstehen einzelne neue Stallgebäude in Backstein (Abb. 4,5).

Am deutlichsten sichtbar ist dies in großen Ackerbaugebieten wie z.B. der Soester Börde. Hier wurden um die Jahrhundertwende viele der alten Westfälischen Haupthäuser abgerissen, um einfacheren Scheunen und neuen Wohnhäusern im freistehenden, nach städtischem Vorbild im villenartigen Stil errichteten Gebäuden, Platz zu machen („Rübenburgen"). Seltenere Neuplanungen aus dieser Zeit zeigen große, isolierte Gebäude mit meist auch einzeln stehendem Wohnhaus (Abb. 6, siehe S. 117).

Die gesamte Problematik dieses großen Umbruchs von der alten in die neue Zeit wird in der Beratungsarbeit des Westfälischen Bauernvereins um die Jahrhundertwende bestätigt. Die wichtigste und schwierigste Aufgabe erblickte man darin, die neuen landwirtschaftlichen Entwicklungen mit den überkommenen Vorstellungen vom Bauernhof in Einklang zu bringen und einen *„vollwer-*

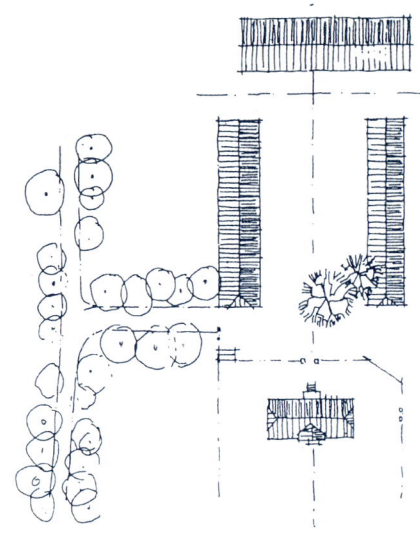

Abb. 6 Lageplan einer Neuanlage um 1880

tigen Ersatz für das früher dominierende Westfälische Bauernhaus zu finden". Dabei suchte man z.B. stets nach der Möglichkeit, dem Bauern wie früher die Überschaubarkeit des Viehbestandes von den Wohnräumen aus zu erhalten.

Mit der Einführung der Maschinen, der Verbesserung der bis dahin oft schlechten und ungesunden Wohnverhältnisse und der Forderung nach Raum für die Lagerung nun größerer Ernten wurde ein Teil der Betriebe durch „unpraktisch und unschön ausgeführte *Anflickereien* zur Gewinnung von Stallräumen und *Querbauten* zur Schaffung von Wohnräumen verunziert ... Nur schwer konnten die Landwirte sich entschließen, getrennte Wohn- und Wirtschaftsräume zu errichten und die alte Bauweise mit der im Mittelpunkt liegenden allmächtigen Tenne aufzugeben" . Aus dem Bericht des damaligen Bauamtes des Westfälischen Bauern-Vereins wird deutlich, wie langsam und schwerfällig gerade der Bauernstand bereit war, sich auf neue Entwicklungen einzustellen.

Berater und Architekten konnten neue Konzepte meist nur dort durchsetzen, wo Höfe abgebrannt oder zerstört waren (Abb. 7). So entstanden Anfang des 20. Jahrhunderts auf Bauernhöfen in der Umgebung von Münster hier und da auch neue villenartige Wohnhäuser, meist als Ersatz für abgerissene oder abgebrannte Wohnteile von Haupthäusern (siehe S. 100).

Abb. 7 Neuplanung Anfang des 20. Jahrhunderts

Die Jahre 1933 bis 1945 gelten als besonderes Kapitel auch in der bäuerlichen Baugeschichte.

In seinem Handbuch für das Bauen auf dem Lande (1943) schreibt W. Grebe über den „Stillstand und Niedergang der Ländlichen Baukultur": „Mit der Machtübernahme haben die Begriffe „Bauer", „Boden", „Rasse", „Hof" und „Dorf" wieder einen neuen Inhalt und guten Klang erhalten. Die Erkenntnis, dass das Bauerntum der Blutsquell und Ernährer des Volkes ist, gibt die beste Grundlage, auf der sich auch das landwirtschaftliche Bauen wieder gesunden, ausrichten und entfalten wird." Sein Aufruf richtet sich einerseits gegen die durch An- und Umbauten „verunstalteten" alten Bauernhöfe, andererseits aber auch gegen die neuen Strömungen in der Architektur überhaupt. (Bauhaus, „Neues Bauen", Form aus Funktion, Kubismus, usw.). Grebe forderte, der Baustil solle bodenständig, landschaftsgebunden, also traditionsbezogen sein; heimische Baustoffe seien einzusetzen, vom Ziegelstein bis zurück zu Lehm und Kalk, schließlich sollten auch die Grundriss- und Hofformen die jahrhundertelangen Traditionen fortsetzen und auf alte bäuerliche Erfahrungen aufbauen.

Inhaltlich sind beide Pole des Spannungsfeldes enthalten – wie im ewigen Kampf des Alten mit dem Neuen. Die Betonung liegt jedoch sehr auf dem „Blick zurück". Dies wird bestätigt, wenn man die in dieser Zeit ausgeführten neuen Gebäude betrachtet. *Die architektonische Aussage klebte förmlich an den Vorbildern des jahrhundertealten münsterländischen Bauernhofes.* Diese konservative Auffassung hielt sich in manchen Gegenden bis weit in die Zeit nach dem zweiten Weltkrieg hinein (Abb. 8). Interessant ist an dieser Stelle die Beobachtung, dass heute – aus sicherlich völlig anderen Motiven – wieder die gleiche Forderung aus unserer Gesellschaft erhoben wird, nämlich dass ein Bauernhof eben ein Bauernhof ist und in Dorf und Landschaft genau so auszusehen hat wie seit Jahrhunderten: auch neue Gebäude sollten ein steiles, ziegel- oder reetgedecktes Dach haben sowie der Landschaft angepasste alte Baustoffe und -formen. Diese Nostalgieträume sind aber nun einmal aus baulichen, betriebstechnischen und finanziellen Gründen nicht erfüllbar.

Die Jahrhundertwende in der Zusammenfassung:

Der Umbruch in Technik, Industrie und der weiteren Bauwirtschaft wurde vollzogen, akzeptiert und äußerte sich letzten Endes auch baulich in einer neuzeitlichen Architektursprache. Auf dem Lande gelang das so schnell nicht. Hierfür gibt es verschiedene Gründe:

- Eine großartige Baukultur mit feststehenden arbeits- und betriebswirtschaftlichen Gesetzmäßigkeiten hatte sich über Jahrhunderte in langsamen Schritten entwickeln können und wurde nun plötzlich in Frage gestellt.
- Bei den Bauherren handelte es sich – im Vergleich zur übrigen Gesellschaft – um eine besonders konservative Gruppe, so dass neue Bauten auch dann kaum neue Architektur zeigten, wenn sie neuen Aufgaben dienen sollten.
- Nach 1933 wurden erste Ansätze einer neuen ländlichen Architektur durch die Ideologien des Dritten Reiches blockiert.

So wurde Ende des 19. und Anfang des 20. Jahrhunderts die Chance verpasst, parallel zu anderen Gebieten des Bauens eine neue bäuerliche Baukultur zu schaffen.

Das Landwirtschaftliche Bauen 1945 bis heute

Trotz aller Hemmnisse ließ sich nach dem zweiten Weltkrieg die neue Zeit mit ihren agrarpolitischen, betriebswirtschaftlichen, tierhalterischen, landtechnischen und baulichen Entwicklungen nicht mehr aufhalten. Parallel zu den Wiederaufbauten und Reparaturen an den vom Krieg zerstörten Hofgebäuden *wurde – spätestens 1948 – ein neuer Abschnitt des Bauens auf dem Lande erkennbar.*

Der Abwanderung von Arbeitskräften aus der Landwirtschaft in andere Zweige der Wirtschaft, dem technischen Fortschritt erst in der Feldarbeit (Ackerschlepper, Mähdrescher) und dann in der Mechanisierung auch der Innenwirtschaft folgte nun unaufhaltsam die Antwort in neuen Gebäuden.

Beeinflusst vor allem durch Erfahrungen aus dem Ausland überschlu-

Abb. 8 Wiederaufbau eines Hofes im Westmünsterland nach dem Zweiten Weltkrieg

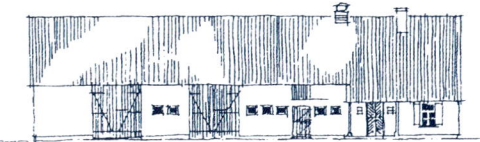

Abb. 9 „Greiferhof" um 1950

Abb. 10 „Häckselhof" um 1950

gen sich die Entwicklungen. Einige Beispiele:

- 1948/50 kamen der Greiferhof (so genannt nach der Greiferanlage für Heu und Stroh, Abb. 9) und der Häckselhof (Lagerung von gehäckseltem Stroh mit Hilfe von Fördergebläsen, Abb. 10) mit flacher geneigtem Dach.
- In den folgenden Jahren beginnt die Ablösung der einzelnen Betriebszweige voneinander: die bis dahin in einem Raum gehaltenen Kühe, Rinder, Pferde werden – wie schon früher die Schweine – in getrennten Räumen oder gar Gebäuden untergebracht.
- 1953/54 kommen aus den USA die Offenlaufställe hinzu.
- Die meistgebauten Aussiedlerhöfe der 1950er-Jahre sind die berühmten Kopf-Hals-Rumpf-Typen (Wohnhaus-Zwischenbau-Stallscheune, Abb. 11).
- Einige Jahre später erfolgt dann der Durchbruch – die völlige Loslösung der einzelnen Gebäude voneinander (Erweiterungsfähigkeit der Arbeitsachsen) und vor allem das abgesetzte Wohnhaus (Abb. 12).
- Die neuen Gebäude für die Tierhaltung der 1960er-Jahre sind Hallenbauten unterschiedlicher Konstruktionen. Die Vorfertigung von Stallbauteilen und ganzen Ställen, großformatige Bauteile aus Asbestzement, Aluminium und Kunststoff treten in den Wettbewerb mit konventionellen Materialien wie Holz, Beton oder Ziegel.

Erich Kulke formulierte Ende der 1970er-Jahre Neuplanungsgrundsätze für große Betriebe im Außenbereich:

- Trennung von Wohnbereich, Maschinenhof und Wirtschaftshof
- zentrale Erschließung mit Kontrollmöglichkeit vom Büro aus
- Beachtung der Himmelsrichtungen (Qualität des Wohnbereichs, Geruchsbelästigungen)
- Vorfertigung von Bauelementen
- Einbindung der Gebäudegruppe in vorhandenes Hof- und Landschaftsbild (Abb. 13)

Zur neuen Gebäudeform und damit zum eigentlichen Gestaltungsproblem:

Das Hauptgebäude des in Jahrhunderten gewachsenen Münsterländischen Bauernhofes hatte als Zwei-, Drei- oder Vierständerhaus bis an die Grenze der zur Verfügung stehenden Möglichkeiten der Baukonstruktionen (Länge der tragenden Holzbalken) ein hohes, steiles Dach. Dieses

Abb. 11 „Kopf-Hals-Rumpf"-Typ 1955

Abb. 12 Die Hofgebäude trennen sich (Spätere Erweiterung der Arbeitsachsen)

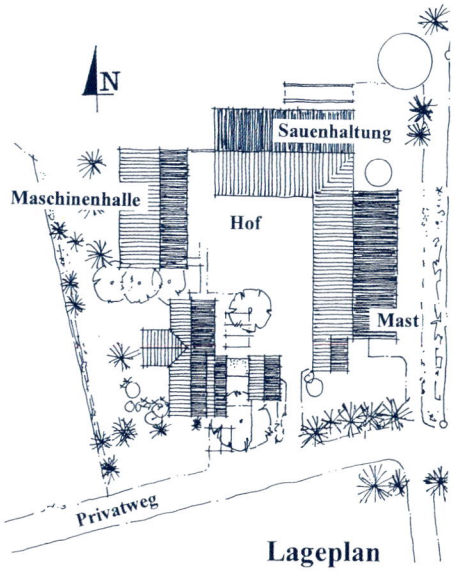

Abb. 13 Neuplanung aus den 70er Jahren

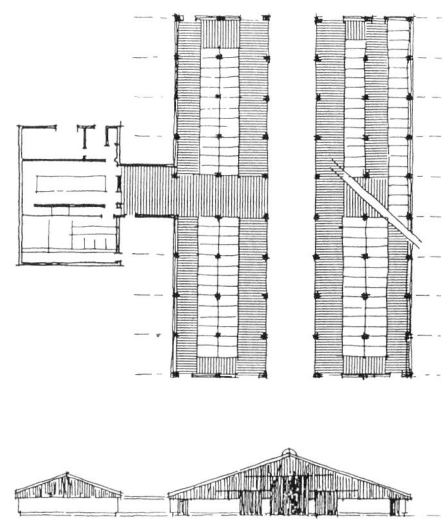

Abb. 14 Kuhstall 1980

Abb. 15 Die Gebäude sind aus ihrer Funktion heraus breit und flach

Abb. 16 Gut in das Hofbild eingefügter neuer Stall

– früher mit Stroh oder Reet, später mit roten Dachziegeln gedeckt – leuchtete weit in die Landschaft hinein und prägte damit das Bild der Parklandschaft dieser Region.

Die betriebswirtschaftlichen und arbeitswirtschaftlichen Zwänge der neuzeitlichen landw. Produktion erforderten neue Techniken und damit andere Gebäudeformen: die deckenlastige Lagerung von Erntegut (im Obergeschoss) wich der arbeitswirtschaftlich viel einfacher zu handhabenden erdlastigen Lagerung (im Erdgeschoss). Die im Konkurrenzkampf mit den anderen in- und ausländischen Betrieben wachsenden Tierhaltungsbestände erforderten großflächigere Stallgebäude: *das landwirtschaftliche Gebäude der Neuzeit ist lang und breit und hat ein notwendigerweise flacher geneigtes Dach* (Abb. 14, 15, siehe S. 91).

Wilhelm Landzettel erklärt diesen Sachverhalt folgendermaßen:

„Das Dilemma liegt in der Unvereinbarkeit der Gebäudeproportionen. Wo die Bautradition ein ausgewogenes Verhältnis von Länge, Breite und Höhe nebst einer funktionsnotwendigen Steilheit des Daches hervorbrachte, da diktiert die fortgeschrittene Landtechnik flachgeneigte, weitspannende Baukörper von flunderartiger Plattheit. Die einzigen Zugeständnisse an das dörfliche Milieu werden, wenn überhaupt, in der Materialauswahl (Ziegel, Holz, Farbe) gemacht.

Es ist nicht die Unfähigkeit dieser Landbaumeister-Generation, die Disharmonien zwischen der Altbausubstanz und den Stallneubauten schafft – es sind die unterschiedlichen Proportionen zwischen der traditionellen Hofwirtschaft und dem Hochleistungsapparat moderner Veredelung, die hier ihren sichtbaren Ausdruck findet."

Das Landschaftsbild wird also da, wo heute und in Zukunft gebaut wird, von den alten Hofanlagen und diesen neuen Gebäudeformen geprägt. Dass dies allerdings nicht immer und unvermeidbar zur negativen Belastung der Landschaft führen muss, können Hofensembles zeigen, deren planerische und gestalterische Qualität beweisen, dass es auch anders geht (Abb. 16, siehe S. 191).

Nach der Bemühung um Ertragssteigerung um jeden Preis und der damit verbundenen möglichst großen Ausdehnung der Betriebs- und Stallanlagen in den 1970er-Jahren folgt in den 1980ern eine Entwicklungsberuhigung: Einkommenssteigerungen durch Ausdehnung der Produktion werden durch neue agrarpolitische Maßnahmen gestoppt. Eine restriktive Preispolitik bei Marktordnungsprodukten, Quotenregelung bei der Milch, Förderung der Flächenstilllegung und Extensivierung zwingen die Landwirte, sich umzustellen. Wenn das landwirtschaftliche Einkommen zur Existenzsicherung nicht reicht, muss versucht werden, den notwendigen Lebensunterhalt außerhalb der Landwirtschaft zu erzielen, oder die Landwirtschaft wird ganz aufgegeben. Auch die sinkenden Preise für landwirtschaftliche Produkte erfordern äußerste Rationalisierungsmaßnahmen – weitere Einflüsse kommen durch die Agrarpolitik, die Anforderungen der Umweltpolitik und die Regelungen zur Energieeinsparung. Ein neuer Weg ist für

Abb. 17 Umnutzungen von alten Hofgebäuden zum Wohnen

Abb. 18 Neuzeitlicher Offenlaufstall für 150-200 Kühe

1989 bis heute

Das historische Jahr 1989 läutet auch für das Bauen in der Landwirtschaft das letzte Jahrzehnt des 20. Jahrhunderts ein – mit wiederum starken Akzenten.

Die Wiedervereinigung beider Teile Deutschlands bringt noch einmal eine völlig neue Situation für die Landwirtschaft. Die Schere des Umbruchs mit den zukunftsorientierten Vollerwerbsbetrieben auf der einen und der weiter steigenden Zahl aufgebender Betriebe auf der anderen Seite klafft immer weiter auseinander. Die Gesellschaft merkt dies nur nicht so deutlich, da solche Entwicklungen nur schleichend sichtbar werden – meist erst beim Generationswechsel auf den Höfen. Mit anderen Worten: Der Wettbewerbsdruck auf die westdeutsche Landwirtschaft, bedingt durch weltweite Agrarentwicklungen und europäische Wirtschaftskonsequenzen, bekommt nun noch eine innerdeutsche Komponente hinzu, und zwar durch die langsam sich erholenden, teilweise umstrukturierten Großbetriebe der ostdeutschen Bundesländer.

Dass in diesen kritischen Jahren die bauliche und technische Entwicklung nicht stillsteht, sondern eine Neuerung die andere jagt, das zeigt sich besonders in den Stallbaukonzepten der 1990er-Jahre und über die Jahrtausendwende hinaus. Nach außen sichtbar werden diese vor allem in der steigenden Grundflächengröße der Gebäude, in der Umstellung auf tiergerechtere Außenklimaställe mit offenen Fronten oder Giebeln in der Rindviehhaltung, größeren Abteilanlagen für die Schweinehaltung und tiergerechteren Halboffenställen in der Geflügelhaltung (Abb. 18, siehe S. 40 und 90).

Das Wohnhaus in der Landwirtschaft

Die großen Wellen der Modernisierung in der Landwirtschaft der 1960er- und 1970er-Jahre brachten auch beim Wohnen entscheidende

eine begrenzte Anzahl von Betrieben der alternative Landbau, die Produktion von sogenannten „Öko-Lebensmitteln". Baulich gesehen auch eine Herausforderung an die sinnvolle Nutzung von Altbausubstanz.

Zum bäuerlichen Wohnen: Die Landwirte erkennen langsam, dass ein modernes Wohnen auch in alten Häusern möglich ist und verzichten mehr und mehr auf den neuen „Bungalow". So werden nach und nach mehr Wohnteile alter Bauernhäuser renoviert und auch Stallgebäude, Speicher und kleine Scheunen ganz zum Wohnen umgenutzt (Abb. 17, siehe S. 33, 66, 146, 171, 211).

Neuerungen: Das frei stehende bäuerliche Wohnhaus, eine klare Ausbildung der Hauswirtschafts-Zone mit Vorratshaltung und Wäschepflege, den Wirtschaftseingang (Schmutzschleuse) mit Büro und nach und nach auch das getrennte Altenteil (Abb. 19).

Inzwischen ist das bäuerliche Wohnen in eine neue Entwicklung getreten. War es früher noch intensiv mit dem Tagesablauf im Stall verflochten, so zeigte es sich im Laufe der Zeit, dass eine Lockerung der Bindung von Wohnen und Wirtschaften durchaus funktionierte. Dies betraf nicht nur große Ackerbau-Betriebe, sondern auch Teil- und Betriebszweig-Aussiedlungen der Tierhaltung aus engen Dörfern, in denen aber auf den alten Hofstellen weiterhin gewohnt wird.

Abb. 19 So sieht es aus, wenn sich niemand mehr verantwortlich fühlt.

Umnutzung landwirtschaftlicher Altgebäude

Hinzu gekommen sind ganz andere Akzente und Schwerpunkte des bäuerlichen Wohnumfeldes. Neben den nach wie vor geltenden Ansprüchen der drei oder vier Generationen der bäuerlichen Familie an ein landwirtschaftliches Wohnhaus haben sich *neue Aufgaben* entwickelt, die den Bereich der Landfrau, oft aber auch den ganzen Betrieb betreffen: Der Betriebszweig *Urlaub auf dem Bauernhof*, manchmal verbunden mit einer *Gastronomie im Bauernhaus-Café*, in Ballungsräumen oder Großstadt-Nähe der *Verkauf von Agrarprodukten* durch *Direktvermarktung* sowie die *Vermietung von Wohnraum* (siehe S. 63, 77, 87).

Das europa- und weltweite Überangebot an landwirtschaftlichen Produkten und damit die sinkenden Preise zwingen seit einigen Jahrzehnten in steigendem Maße viele Bauern, die klassischen Betriebszweige aufzugeben und nach neuen Einkommensquellen zu suchen. So hat sich das in einigen Regionen schon lange betriebene Zusatzangebot der Landfrauen von den o.g. klassischen Bereichen in eine heute breite Angebotspalette von *Dienstleistungen* erweitert. Um einige Beispiele zu nennen: das Ausrichten von Familienfesten auf dem Bauernhof, die Einrichtung von Kindertagesstätten, das betreute Wohnen alter Menschen in verschiedenen Formen. Auf der betrieblichen Seite: Pensionspferdehaltung, Reiterferien, Kleintierpensionen u.a.m. (siehe S. 116, 131). Darüber hinausgehend: soziale Einrichtungen für Kirchen oder Gemeinden, Kultur- und Bildungseinrichtungen, Dorfgemeinschaftshäuser, Gemeindebauhöfe (siehe S. 58, 132, 168, 169).

In den vergangenen Jahren hat die Nutzungsänderung landwirtschaftlicher Gebäude bzw. ganzer Hofanlagen *zu gewerblichen Zwecken* stark zugenommen – Handwerks- und Dienstleistungsbetriebe finden auf leerstehenden Bauernhöfen oft ideale Bedingungen vor. Hinzu kommt: die Altgebäude werden durch Umnutzung gerettet, das Landschaftsbild bleibt erhalten und die zusätzliche Versiegelung durch neuauszuweisende Gewerbegebiete bleibt erspart. Diese für die Baukultur sinnvolle und für die Wirtschaft rationale Problemlösung funktioniert natürlich nur dort, wo fortschrittliche Gemeinde- und Bauverwaltungen mit den Landwirten und den Gewerbebetrieben an einem Strang ziehen. Dann kann es gelingen, durch lebendige, neue Nutzung bäuerliches Kulturgut für das Landschaftsbild und für die Nachwelt zu erhalten.

Haus Hardenberg

Isselburg

Die an der niederländischen Grenze gelegene Wasserburg Haus Hardenberg wurde im Jahr 1347 Lehen von Anholt. Nach wechselvoller Geschichte (Lehnsträger) wurde es 1866 fürstliches Pachtgut. Das zweiflügelige Herrenhaus aus Backstein steht auf einer rechteckigen Insel in der Gräfte. Die Ursprünge reichen um Jahrhunderte zurück: in der Barockzeit sind zum Beispiel Steinkreuzfenster mit Holzzargen erneuert worden, im inneren Winkel des Gebäudes muss vorher ein Treppenturm gestanden haben. Das Wirtschaftsgebäude auf der Insel stammt aus dem 19. und 20. Jahrhundert und ist heute zum Wohnen umgebaut. Die weiteren Ökonomiegebäude stehen außerhalb der Gräfte. Der Hof wird zum einen Teil noch für die Landwirtschaft, aber auch zu Wohnzwecken genutzt.

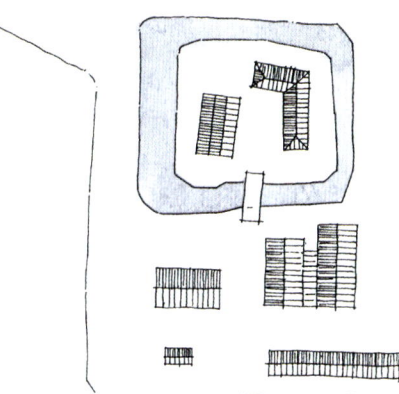

Der Lageplan der Anlage Haus Hardenberg

Das ehemalige Herrenhaus Hardenberg – im Hintergrund die Ökonomiegebäude

Das neben dem Herrenhaus auf der Insel stehende Wirtschaftsgebäude – zum Wohnen umgebaut

Eine lange Stallscheune – im hinteren Teil Remise

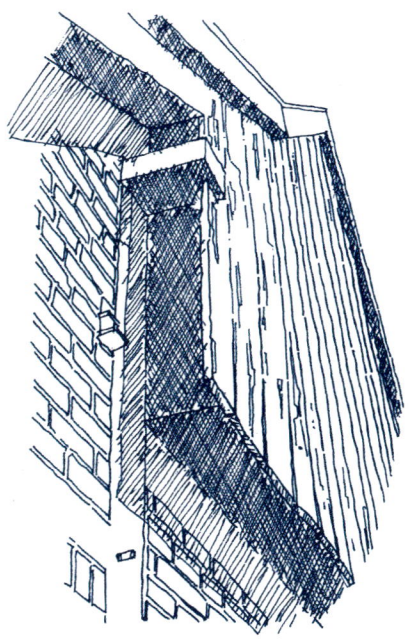

Hof Belting
Isselburg

Vor das alte Haupthaus wurde 1880 ein neues Wohnhaus gebaut.
In den Stallgebäuden steht nach wie vor Rindvieh.

Ein typisch westmünsterländisches Giebel-Ortgangdetail (s. auch unten)

Haus Diepenbrock
Barlo/Bocholt

Nahe der Niederländischen Grenze gelegen, wurde Haus Diepenbrock als sogen. „festes Haus" Anfang des 14. Jahrhunderts gebaut. Das heute bestehende Hauptgebäude entstand 1521 als zweigeschossiges Schloss mit steilem Walmdach und zwei Rundtürmen. Die Anlage ging 1733 als Lehen an die Familie des Freiherrn von Graes. Die heutige Fassade mit ockergelbem Putz und barocker Gestaltung stammt aus dieser Zeit. Die ehemalige Gräfte besteht heute nur noch aus ein paar Teichen. Die Ökonomiegebäude – der ehemalige Gutshof – wurden vom derzeitigen Familiennachfolger 1981 teilweise zum Hotel-Restaurant umgenutzt.

Das berühmte Torhaus von 1523 mit dem Dreistaffelgiebel und der alten Wehrmauer

Im Hintergrund das zweigeschossige Schloss – davor ehemalige Stallgebäude

Das alte Wirtschaftsgebäude – heute Hotel-Restaurant

24 KREIS BORKEN

Schulze Mengering
Rhedebrügge

Die erste Erwähnung des Hofes Schulze Mengering (früher auch Schulte Mengerinck) steht in den Kirchenbüchern um 1351. Der Hof war zunächst abhängig vom Bischof von Münster, später von den Herren von Gemen. Im Dreißigjährigen Krieg wurde er durch die Truppen des Christian von Braunschweig zerstört. Im Jahr 1859 brannte das Haupthaus ab und wurde sofort wieder aufgebaut, 1953 dann nach Brand im Wohnteil nochmals erneuert. Das Speichergebäude von 1893 war zunächst Getreidelager mit Backkammer und Upkamer, später wird es zum Teil als Schweinestall genutzt. Im Garten steht eine 200 Jahre alte Holzremise, die zur Holzlagerung und auch zum Reisig- / Buschenbinden diente. Auf der Südseite befanden sich Bienenstände. Eine 200jährige Esskastanie – eingetragenes Naturdenkmal – fiel 2007 dem Sturm Kyrill zum Opfer. Heute wird auf der Grundlage von 65 Hektar Ackerland Schweinemast betrieben.

Der Eingang zum Wohnhaus, das nach dem Brand von 1953 wiedererrichtet wurde.

Das Speichergebäude von 1893 mit vielseitigen Nutzungen

Die Holzremise im Garten – der vordere Teil dient heute als Jagdgästehaus.

Hof Klein-Thebing
Rhede

Von Gut Groß-Thebing aus bauten im Jahre 1330 zwei Brüder dieses Anwesen. Damals betrug die Hofgröße 237 Morgen (mit Wald), heute 250 Hektar. 1742 ist vermerkt, dass ein Wohnhaus und ein Kötterhaus als Wohn- und Hofscheune gebaut wurden. In der dazugehörigen Scheune gab es unter anderem einen Backofen mit Schornstein, Lagerräume und eine Göpelanlage für Dreschmaschine und Getreidereinigung. 1913 wurde das alte Wohnhaus abgerissen und am gleichen Standort vom Rheder Architekten Tepasse eine Jugendstilvilla mit dreiseitigem Wirtschaftshof (nach süddeutschem Vorbild) neu gebaut. Ein Torhaus bildete die Hofeinfahrt. Nach der Testamentverfügung eines Mitgliedes der Familie aus dem Jahre 1866 (das Gelübde eines aus Seenot Geret-

teten) wurde vom Architekten W. Rinklake aus Münster 1886 eine neogotische Hofkirche gebaut, heute die Pfarrkirche für Rhedebrügge.

Links unten: Der 1913 im Jugendstil nach süddeutschem Vorbild gebaute Vierseithof

Links oben: Die 1742 errichtete Kötterhausscheune – ein Zweiständerhaus, ehemals mit Lagerraum, Göpel und Backhaus

Rechts oben: Die Seitentür am Hauptgiebel mit Fensterklappe

Rechts unten: 1886 – 1889 entstand die zum Hof gehörende neogotische Kirche – heute Pfarrkirche von Rhedebrügge

Unten: Die Villa von der Gartenseite

KREIS BORKEN 27

Hof Aehling

Hoxfeld

Eine betriebseigene Hofgeschichte (Erntedaten, Abgabepflicht ...) reicht in das Jahr 1347 zurück. Damals gehörte der Hof zum Stift Vreden. Anfang des 19. Jahrhunderts wurde er frei von Abgabe- und Dienstleistungen. Der ältere Kern des Haupthauses ist 1914 nach Westen zum Wohnteil, 1936 zum gegenüberliegenden Stallteil erweitert worden. Das Gebäude erhielt beidseitig einen neuen Giebel. Früher herrschte die gemischte Tierhaltung vor, heute ist die Spezialisierung auf Ackerbau mit Schweinemast der Hauptbetriebszweig.

Der Doppelgiebel von Haupthaus und Stallscheune aus dem Jahr 1936

Der Weg zum Eingang des Wohnhauses führt durch den Garten.

Der Herz-Jesu-Bildstock aus der Zeit nach dem Zweiten Weltkrieg

Herdfeuer, Wandvertäfelung und Jagdtrophäen prägen die Atmosphäre der ehemaligen Flettküche.

Haus Döring

Borken

Diese alte sogenannte „Burgmotte" zeigt die Urform der münsterländischen Wasserburgen als Wohnturm auf einem runden, acht Meter hohen Hügel mit doppeltem Wassergraben. Die Anlage wurde vermutlich im 12. Jahrhundert gebaut. Hofgebäude und Wassermühle waren auf der Vorburg, am Hauptzugang zur Wehranlage, angelegt. Das heutige „Burggebäude" ist ein schlichter, zweigeschossiger Barockbau aus dem Jahre 1727 – auf den Fundamenten der alten Vorgängerin.

Die Wassermühle wurde 1451 erstmals erwähnt und als Kornmühle mit gegenüberliegender Ölmühle 1825 im Urkataster aufgeführt. 1940 ist zur Stromerzeugung ein Generator eingebaut worden. Das hohe Dach deutet auf eine Doppelfunktion als Wasser- und Windmühle hin

Das heutige Hauptgebäude auf dem alten Burghügel stammt von 1727 – in schlichter Barockgestaltung

Ökonomie Schloss Raesfeld

Raesfeld

Die Schlossanlage entstand im 12. Jahrhundert. Die Ritterburg kam Ende des 16. Jahrhunderts in den Besitz der Grafen von Velen, die Mitte des 17. Jahrhunderts das Schloss im Stil der Renaissance ausbauen ließen. Im 18. Jahrhundert nur noch unregelmäßig bewohnt, verfiel die Anlage. Teile wurden bis ins 20. Jahrhundert noch als landwirtschaftlicher Gutshof genutzt. Die heutige Anlage ist Handwerker-Fortbildungszentrum der Handwerkskammer und dient des weiteren kulturellen Veranstaltungen sowie als Restaurant.

Das Haupthaus der Gutshofanlage auf der Vorburg wird auf den Anfang des 17. Jahrhunderts datiert. Es wurde – wie ein westfälisches Bauernhaus – als Viehstall und Erntehaus genutzt. Die Geschosse sind durch horizontale Gesimsbänder unterteilt. Das massive Backsteinmauerwerk, die Steinkreuzfenster, die Giebelverzierungen an First und Traufe sowie die gesamte wuchtige Ausdruckskraft deuten auf einen hochherrschaftlichen Gutshof hin.

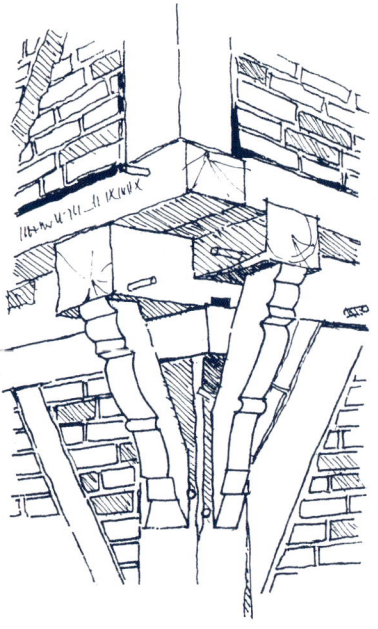

Besondere Details sind dabei handwerkliche Leckerbissen – wie hier die Eckkonstruktion an einem Speichergebäude

Das Restaurieren historischer Gebäude aus der Landwirtschaft, welcher Form auch immer (hier eine sogenannte Schirmschoppe aus der Gegend von Vreden) wird hier auf Schloss Raesfeld interessierten Bauhandwerkern vermittelt.

Hof Schulze Beiering

Weseke

Der alte Hof existierte schon im 14. Jahrhundert und war Lehnshof der Herrschaft Gemen. Das Wohnhaus im Jugendstil des Westmünsterlandes wurde 1904 an die Hofgebäude – Viehhaus und Scheunen – angefügt und ersetzte den alten Wohnteil. Heute wird in neuen Ställen Schweinemast betrieben.

Haus Lohn

Südlohn

Die Gebäude- und Hofgeschichte ist nicht vollständig geklärt. Der Name von Lohn taucht 1231 auf, 1357 als Landhaus eines Rittergutes. Um 1500 gelangte es unter dem Namen Johann von Dornick an Johann von Lohn. Ab dem 17. Jahrhundert sind die Eigentümer die Herren von Rehmen. 1795 entsteht der jetzige Bau in frühklassizistischem Stil – heute einziger Adelssitz dieser Art im Kreis Borken. Die Ökonomiegebäude stammen vermutlich aus dem 19. Jahrhundert, die Betriebsflächen sind verpachtet.

Eine frühklassizistische Haustür eines anderen Gebäudes aus der gleichen Zeit

Das Herrenhaus von 1795 – einziges Gebäude dieser Art im Kreis Borken

Die alte Hofzufahrt strahlt eine große Tradition aus

Schulze Hessing

Südlohn

Die erste Erwähnung des traditionsreichen Schultenhofes Hessing verdanken wir dem verschuldeten münsterschen Bischof Florenz von Weweringhofen, der dem Landadligen Johann von Bernentfelde 1351 die drei Höfe „to Hessing, Hüing et Harmelding" verpfändete. Der Hof, der wohl zu den ältesten im Münsterland gehört, erlebte im 16. Jahrhundert seine erste Blütezeit. Selbst im 30-jährigen Krieg blieb der Hof unbehelligt, damals schon mit Haupthaus, Leibzucht, Kotten, Backhaus, Speicher, Wagenschuppen und Torhaus. Ende des 18. Jahrhunderts bewirtschaftete der Hof 53 Hektar landwirtschaftliche Nutzfläche. Mitte des 19. Jahrhunderts wurde der Hof in wesentlichen Teilen erneuert. So erhielt zum Beispiel das Fachwerk-Haupthaus massive Backsteinwände und um 1870 erbaute man

Links: Das 1870 im Stil der frühen Industriearchitektur gebaute Torhaus ersetzte das alte aus dem 16./17. Jahrhundert und wurde kürzlich zum Wohnen umgenutzt.
Rechts: Der Queranbau des Wohnteils von der Gartenseite

das architektonisch ungewöhnliche Torhaus in der damals aufkommenden Industriearchitektur. 1930 war der Hof 199 Hektar groß und wurde bis 1991 von der Familie bewirtschaftet. Ein Unfall des Bauern bei der Frühjahrsbestellung beendete die Bewirtschaftung des Hofes durch die Familie – die Flächen sind heute verpachtet.

Das Haupthaus mit massiven Wänden vom Ende des 19. Jahrhunderts

Kötterhaus des Hofes Hessing

Südlohn

Dieses Zweiständerhaus – ehemals zum Hof Hessing gehörig – stammt aus dem 18. Jahrhundert und hat als Besonderheit im Wohnteil die Dreiständer-Konstruktion sowie noch die ehemaligen Schiebefenster. Inschriften auf Feldbrandsteinen zeigen das Jahr 1802, das Haus aber wird als älter eingeschätzt. Napoleon soll hier durchgereist sein. Das alte Haus mit Kamin, Bosen, Upkamer und Stall war typisch für diese Landschaft. 1991 wurde es auf der Basis der alten Raumaufteilung und Konstruktion zum Wohnen umgenutzt.

Der Wohngiebel mit seiner Dreiständer-Konstruktion

Die Traufseite zeigt Wohnhaus und Stall unter einem Dach

Alte Feldbrandsteine mit Inschriften

Hof Engering

Doppelheuerlingshaus

Südlohn

Diese Doppelanlage aus der zweiten Hälfte des 18. Jahrhunderts ist eine von nur noch drei in Westfalen existierenden Hofanlagen dieser Art. Am ehemaligen Hof Engering erbaut, wurde das Doppelheuerlingshaus im Jahr 1904 um zwei Ständer (sechs Gebinde) in Ankerbalkenkonstruktion verlängert und ebenfalls um eine Stube verbreitert – auf jeder Seite mit jeweils neuem Baukörper. Zwei Familien wohnten auf einer Fläche von 150 qm, die symmetrisch in Längsrichtung geteilt war – inklusive Tenne. Anfänglich hat hier bis 1853 nur eine Familie gewohnt, danach zwei (s. altes Foto). 1992 wurde die Hausanlage vom jetzigen Eigentumer gekauft und wieder zur Wohnanlage für eine Familie restauriert.

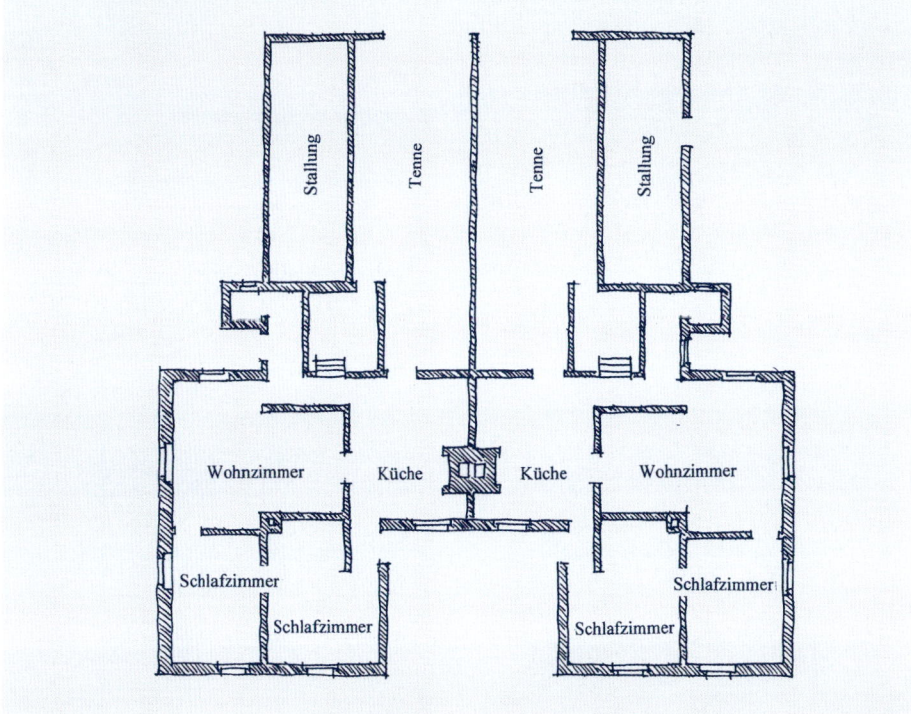

Oben:
Die 1992 restaurierte Hofanlage vom Wohnteil her

Mitte:
Grundriss der Doppelanlage nach der Erweiterung 1904

Unten: Historisches Foto der Heuerlingsfamilien vor ihrem Doppelhaus, am Anfang des 20. Jahrhunderts

Hof Pels

Heiden

Das quer zum Haupthaus liegende Wohnhaus

Dieser Hof erscheint zusammen mit zwei anderen im 13. Jahrhundert in den Kirchenbüchern. Das Haupthaus mit Wohnhaus (quer davorliegend) wurde 1875 gebaut, am Herdfeuerplatz von 1750 werden acht Generationen Hochzeiten dokumentiert. Eine Scheune wurde 1945 von einer Bombe getroffen und im darauffolgenden Jahre wieder aufgebaut. Das ehemalige Haupthaus wurde transloziert und zu einem Cafe umgenutzt. Früher als Mischbetrieb geführt, nimmt der Hof heute 30 Pensionspferde mit Reithalle auf. Die Flächen sind verpachtet.

Der typisch westmünsterländische Haupthausgiebel vom Ende des 19. Jahrhunderts. Der Scheunenanbau rechts stammt aus den 50er Jahren

Hof Ross

Heiden

Über die ältere Geschichte des Hofes Ross liegen keine verlässlichen Daten vor. In der zweiten Hälfte des 19. Jahrhunderts übernahm der Urgroßvater des heutigen Bauern den Hof und erbaute zunächst die vor Kopf des Haupthauses liegende Scheune mit Wohnteil. 1914 wurde das alte Fachwerk-Haupthaus abgerissen und durch das heutige (in Backstein) ersetzt. Kurz vorher war der Kälber/Bullen-Stall am Waldrand errichtet worden, im Jahr 1954 dann die gegenüberliegende Hofscheune und 1970 schließlich ein in Zuordnung und Proportion angemessener neuer Maststall. Der Blick über den großen Hofteich zeigt das besonders harmonisch erhaltene Hofbild mit interessanten und gepflegten Baudetails.

Schon die Wohnhaustür zeigt den ausgeprägten Gestaltungsanspruch des Erbauers.

Das harmonische Hofbild in seiner Gesamtheit

Der Stallgiebel des Haupthauses

Blick auf das 1914 neu erbaute Haupthaus

Hof Brösterhaus

Heiden

Die erste Erwähnung des alten Eschhofes „Brösterhues", to „Brösterhusen" weist auf das Jahr 1360. Der damalige Lehnshof war 1478 der Kirche zu Borken eigenhörig. Haupthaus und Nebengebäude aus der Mitte des 19. Jahrhunderts wurden 1950 umgebaut und mit Massivmauerwerk verstärkt. Ackerland und Mastschweinehaltung sind die Grundlagen des heutigen Betriebes, ebenso eine Windkraftanlage.

Der Hof in seiner Gesamtanlage in der Heidener Landschaft

Eine Hofscheune aus der gleichen Landschaft – ein massiver Backsteinbau mit Ladeluken zum Obergeschoss über den Stalltoren

Schulze Holthausen

Velen

Gut Holthausen – vermutlich früher frei von einer Herrschaft – war im Jahre 1209 (Hildebrand von Holthusen), belegt durch eine Urkunde des Bischofs von Münster, unter dem Schutz dieses Hauses. Nach 1801 kam der Hof nach bewegter Geschichte in guten und in bösen Zeiten dann als hofhöriges Gut unter die Fürstlichen Häuser Salm – Salm und Salm – Kyrburg, 1814/15 dann an Preußen. Mitte des 19. Jahrhunderts betrug die Größe des Hofes ca. 400 Morgen. Die in dieser Zeit errichteten Gebäude waren ein neues Pächterhaus, zwei Feldscheunen, drei Gerätehallen, vier Holzschuppen, ein Viehstall, ein Pferdestall und drei Weideställe. Der zweigeschossige Backsteinspeicher aus dem 18. Jahrhundert stand auf einer Insel in der Gräfte. Er hatte ein Kellergewölbe, ein Satteldach mit Krüppelwalm, schmale Fenster mit Werksteingewänden und eine mittlere Doppeltür aus Eiche. Das Dreiständer-Haupthaus stammt aus dem Jahre 1867 – als Kuh- und Pferdestall genutzt. Die Stallscheune am linken Flügel entstand 1885 und war von ca. 1930 bis 1980 Deckstation für Warendorfer Hengste. Der Hof wirtschaftet heute auf 95 Hektar mit Ackerbau und Schweinemast, als Spezialgebiet aber Gemüseanbau im großen Stil und Lupinenzucht. Aus früherem Heideland mit „Sand, Wacholdern und Kaninchen" hatte der damalige Schulze Holthausen Ende des 19. Jahrhunderts mit dem Aufkommen des Kunstdüngers zunächst Lupinen-, dann Weizen- und Roggenfelder gemacht. Auf der Gartenseite steht im Winkel zum Haupthaus ein altes Brauhaus.

Das Dreiständer-Haupthaus von 1867 – in seiner Asymmetrie ein hochinteressantes Gebäude mit neuen Elementen der Industriearchitektur

Die Hofanlage von der Einfahrt her: in der Mitte das Haupthaus, links eine massive und rechts eine Fachwerkscheune

Im Garten liegt das ehemalige Brauhaus neben dem Wohnteil

Türen am Brauhaus

Die Doppeltorscheune – Mitte des 20. Jahrhunderts Hengststation

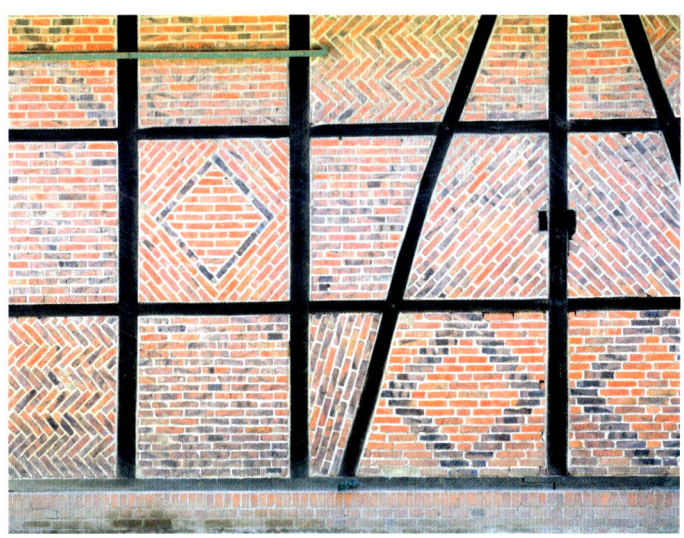

Fachwerkdetail an der gegenüberliegenden Scheune

Skizze eines Kötterhauses (als sogenanntes Durchgangshaus) aus dem 18. Jahrhundert im Raum Gescher

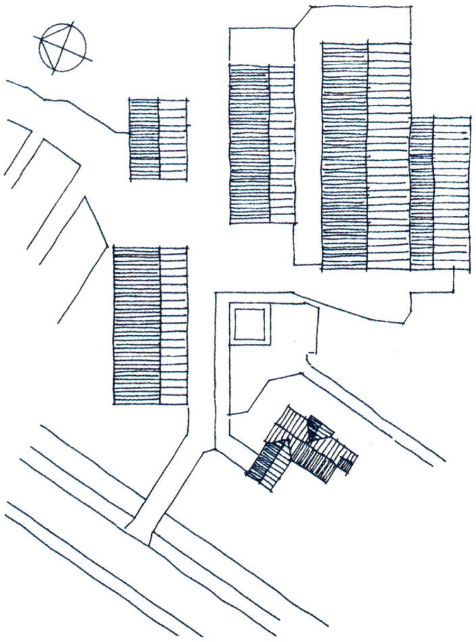

Hof Jünck

Velen

Der ehemalige Hof in Borken wurde von der Familie Jünck 1900 gekauft und 1960 mit Wohnhaus und Liegeboxenlaufstall für 45 Milchkühe ergänzt. Aus Gründen der Stadtentwicklung siedelte der Betrieb 1998/99 vom Stadtrand Borken-Grödlohn an den neuen Standort aus. Die Genehmigungszeit betrug 1,5 Jahre, die Bauzeit 14 Monate. Am 18.9.1999 wurde eingeweiht. Heute werden hier auf 130 Hektar landwirtschaftlicher Nutzfläche 150 Kühe gehalten, das Jungvieh an einem anderen Standort. Die weibliche Nachzucht kommt schon mit einem halben Jahr in den Jungviehstall dieses Betriebes, um sich an die Liegeboxenhaltung zu gewöhnen. Die Bullkälber werden verkauft. In Sinne der „gläsernen Landwirtschaft" stehen Besuchern (ab zehn Personen mit Beköstigung auf Anfrage) die Türen zur Besichtigung dieses modernen landwirtschaftlichen Betriebes offen.

Der Lageplan verdeutlich die funktionell angelegte Gebäudestellung

Der Wirtschaftshof mit Maschinenhalle

So sieht heute ein neuzeitlicher, auf der sogenannten „grünen Wiese" gebauter Bauernhof aus

Der offene Liegeboxenlaufstall für die Milchkühe – die heutige tiergerechte Haltungsform

Das Wohnhaus wie auch die Betriebsgebäude nehmen mit weißen Windfedern und grünen Giebeldreiecken gestalterischen Bezug auf die westmünsterländische Hauslandschaft

Hof Keppelhoff-Wiechert

Velen

Die Ursprünge des Hofes gehen auf das 11. Jahrhundert zurück – damals in Leibeigenschaft vom örtlichen Adel abhängig. Ab 1450 gibt es eine durch Urkunden belegte Hofgeschichte. Auf den Fundamenten des abgerissenen Vorgängergebäudes wurde im Jahr 1898 ein neues Haupthaus errichtet – mit Wohnteil und Kuhstall. Der Kornspeicher stammt von 1886 und ist heute als Jagdgästehaus genutzt. Der acht Meter tiefe Sandsteinbrunnen ist das älteste noch bestehende Bauwerk der Hofanlage und diente lange Zeit als Milchkannenkühlung im Sommerhalbjahr. Bis in die 60er Jahre des 20. Jahrhunderts wurden Schweinemast und Gemüseanbau betrieben, heute liegt der Haupterwerb in der Pensionspferdehaltung für Traber mit eigener Trabrennbahn. Durch Zukauf von Flächen des Grafen von Landsberg wuchs der Hof 1930 mit 85 Hektar landwirtschaftlicher Nutzfläche (ca. 50 % Wald) über die Eigenjagdgrenze.

Die eindrucksvoll gestaltete Haustür

Der Wohngiebel des Haupthauses von 1898

Der Lageplan des Hofes aus dem 19. Jahrhundert

Dieser ehemalige Kornspeicher von 1886 dient heute als Jagdgästehaus. Der Brunnen im Vordergrund ist der älteste Bauteil der Hofanlage.

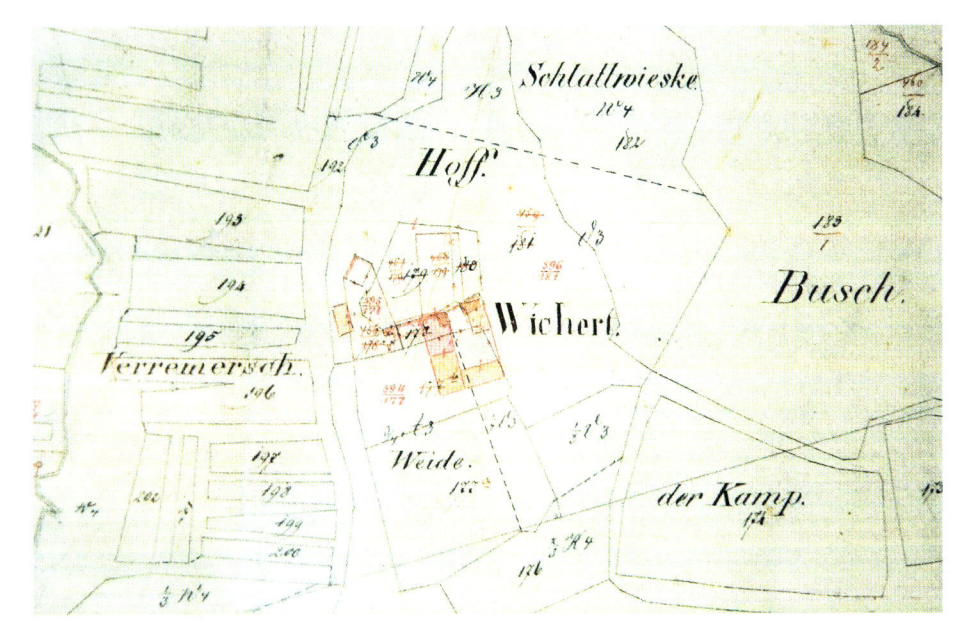

KREIS BORKEN 41

Schulze Kappelhoff

Ahaus

Dieser wohl älteste Hof des Dorfes Wessum (früher Wesheim) stammt ursprünglich aus dem 12. Jahrhundert. Das heutige Anwesen ist ca. 300 Jahre alt – früher als Gräftenhof angelegt. Die Gräfte ist heute nicht mehr zu sehen. Zum Hof gehörten 300 Morgen Acker und Wald. Das Haupthaus wurde 1911 neu gebaut, ebenso die Stallscheune. In der Holzkonstruktion finden sich 250 Jahre alte Balken. Der Fachwerkspeicher (Baujahr unbekannt) ergänzt die Hofanlage. Heute sichern Mastschweinehaltung und Pferdezucht das Betriebseinkommen.

Rechte Seite: Auch der quer vorgebaute Wohnteil spricht die neue Architektursprache im Zeitalter der Industrialisierung. Der Fachwerkspeicher im Hintergrund weist in die Hofvergangenheit.

Der Doppelgiebel von Haupthaus und Stallscheune zeigt die schon abgewandelte Architektur der Bauernhöfe um 1900.

Ein altes Herdfeuer aus dieser Gegend – heute in einem Museum wieder errichtet.

42 KREIS BORKEN

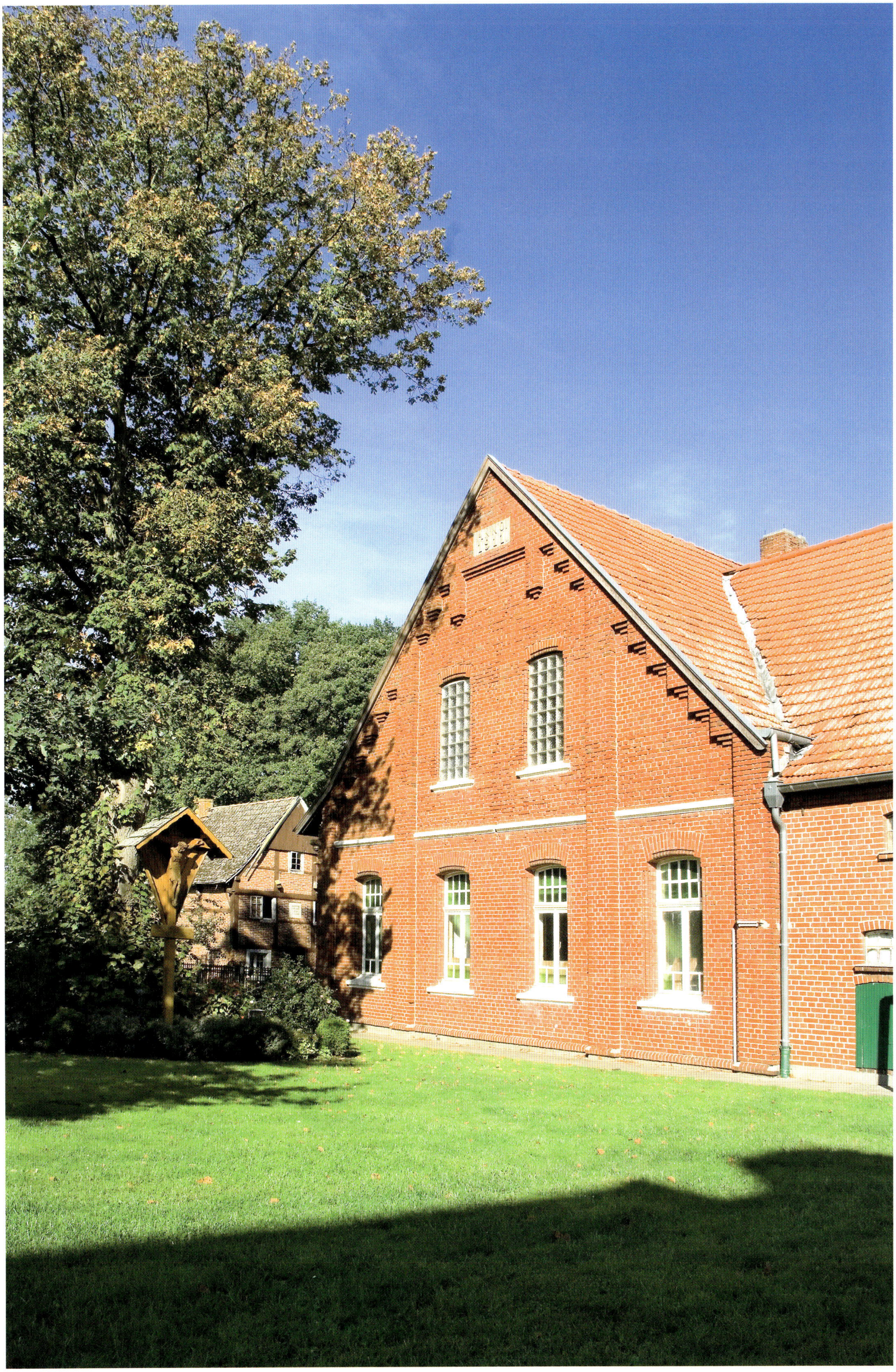

Oben links: Ein Schafstall aus der Gegend von Vreden (Lentfort) – bevor er in das Bauernhausmuseum Vreden versetzt wurde.

Oben rechts: Ein Heuerlingshaus in Vreden-Ellewick um 1930. Der obere Teil des Daches (die Mitte des Gebäudes) ist noch in Stroh gedeckt.

Links: Dieser Flachsofen stand in Stadtlohn-Hengeler (Hof Theßeling)

Unten: Ein Immenhaus – auch aus dieser Gegend

Hof Söbbing

Ahaus

Der Hofname Söbbing existiert seit dem Jahr 1736. Das Hauptgebäude wurde im Jahr 1909 errichtet – mit einem besonders hervorstehenden Giebelausbau im Wohnteil. Auch die Queraufschließung des Stall-/Scheunenteiles (Einfahrtstor) deutet auf den Neubau eines Bauernhofes aus der Zeit um die Jahrhundertwende. Milchviehhaltung und Schweinemast sind die Entwicklungsstufen des Betriebes von 65 Hektar landwirtschaftlicher Nutzfläche. 25 Hektar Wald ergänzen das heutige Betriebsprogramm.

Die Haustür mit klassizistischen Elementen

Der Hauptgiebel – hier sieht man Stilelemente der Ziegelbauweise um die Jahrhundertwende.

Folgende Doppelseite: Die Längsseite des 1909 errichteten Hauptgebäudes

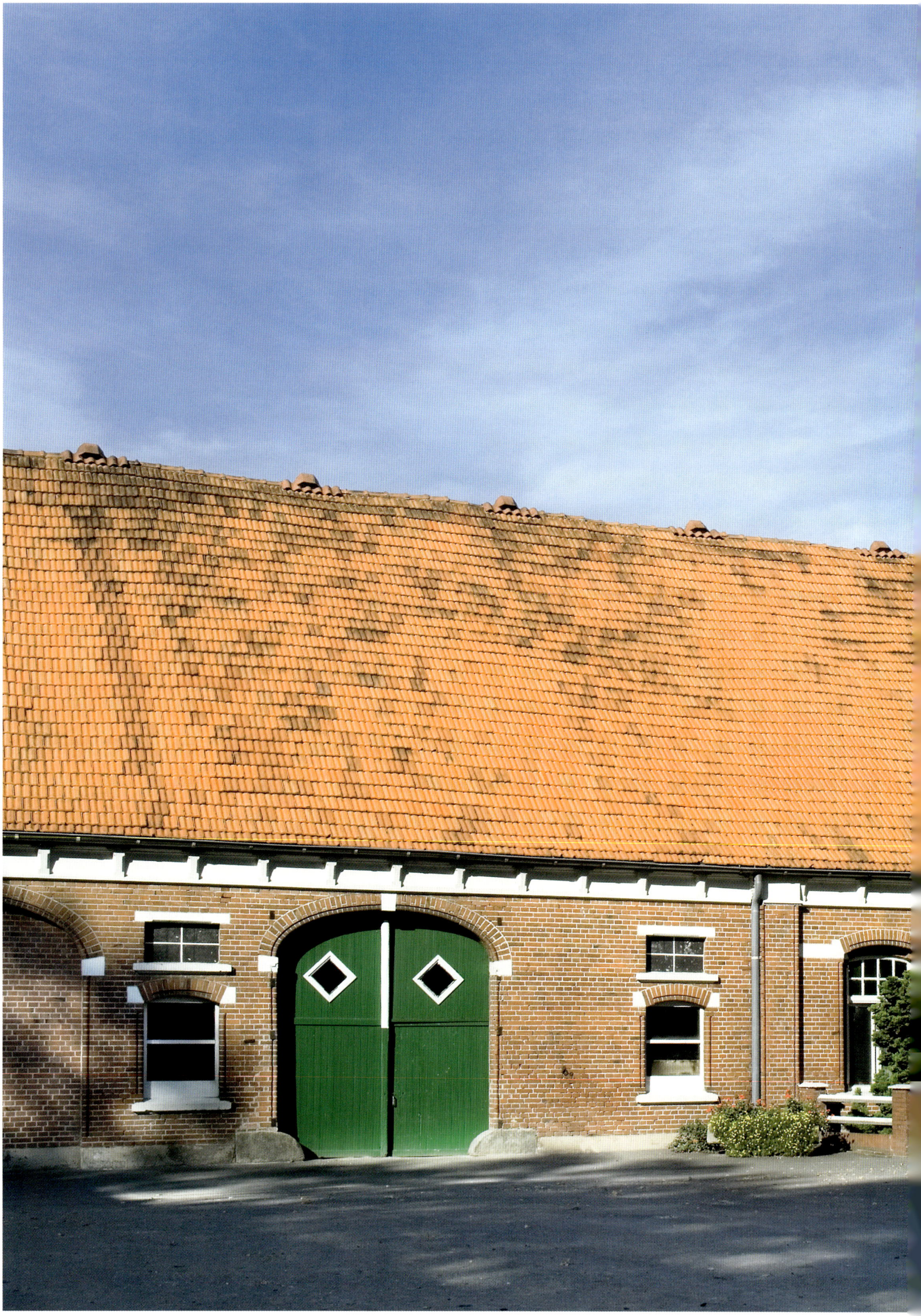

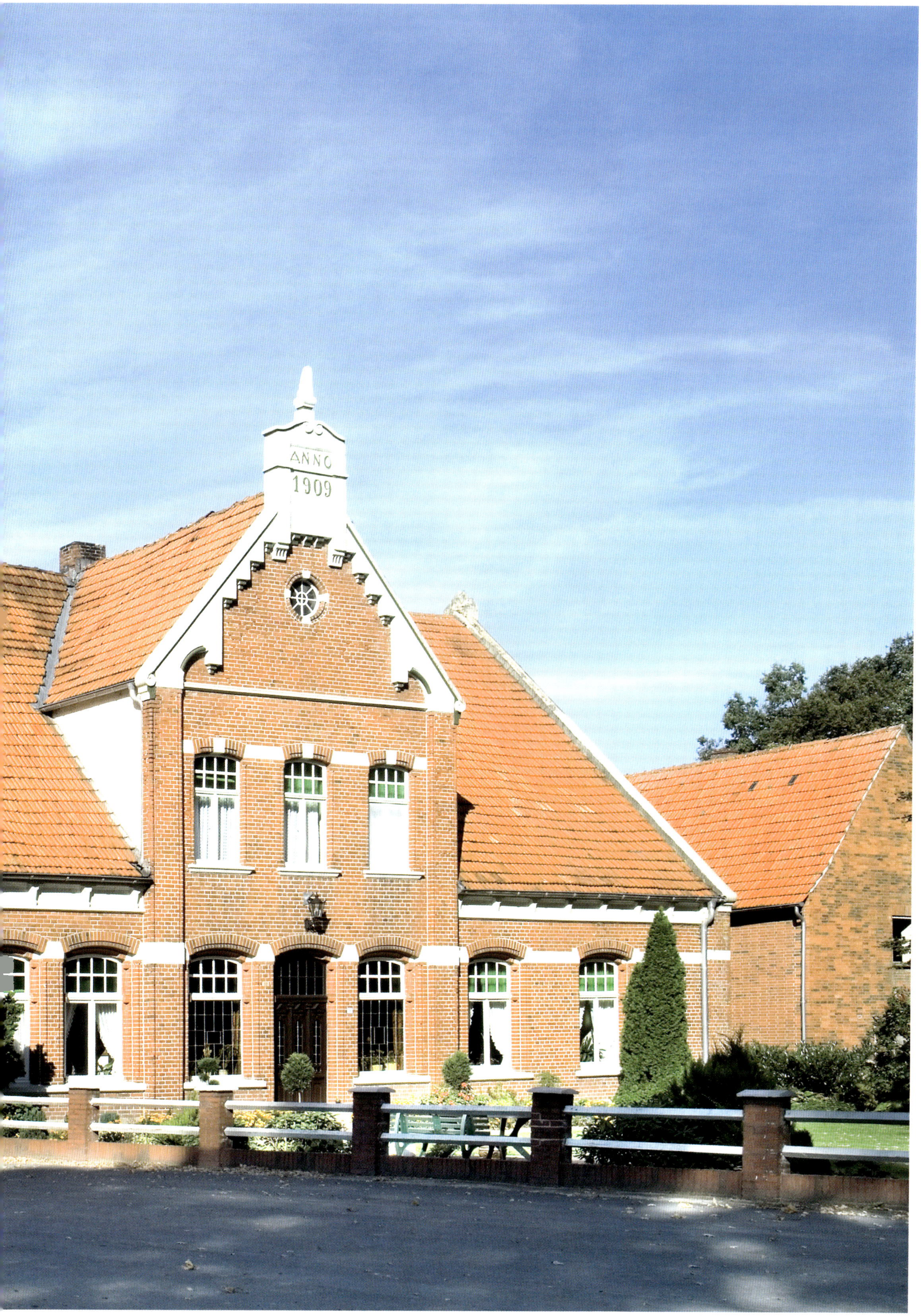
ANNO
1909

Der Schlussstein im gemauerten Türsturz über dem Tennentor des Haupthauses

Haarmühle

Ahaus-Alstätte

Im Jahre 1185 wurde das Gut Haer in Alstedde Lehnsgut des Grafen von Dale. 1331 kam der münstersche Teil des Gutes de Haar, „Haarmühle", in den Besitz des Bischofes von Münster, dann durch eine Gebietsreform vorübergehend zum Bischof von Utrecht. Erstmals erbaut wurde die Wassermühle wohl zwischen 1331 und 1350. 1408 wurde sie endgültig fürstbischöflich-münsterscher Besitz. 1619 erneuerte man die Mühle vollständig zur Getreidemühle. 1820 wurde neben der Getreidemühle eine Öl- und Graupenmühle errichtet. 1824 kam dann eine Scheune für Stroh- und Heulagerung hinzu. 1920 wurde der Wasserantrieb durch einen Elektroanschluss ergänzt. Im Jahre 2000 erfolgte als letzte technische Neuerung die umweltfreundliche Wasserkraft-Strom-Erzeugung mit 11 kW-Generator. Heute ist die funktionstüchtige Wassermühle mit rückschlächtigem Wasserrad, drei Steingängen und Obertriebwerk zu besichtigen. Anfang des 20. Jahrhunderts wurde eine Gaststätte eingerichtet, und noch kann man in das ländliche Restaurant einkehren und auch Mühlenprodukte dort kaufen. Der landwirtschaftliche Betrieb wurde extensiviert.

Das Wappen des Fürstbischofs Clemens August mit der Jahreszahl 1721

Die Haarmühle am Stau der Buurserbeek / Ahauser Aa

Wassermühle Nienborg

Heek

Das Baujahr der fürstbischöflichen Wassermühle ist unbekannt. Diese Kornmühle wurde aber schon Ende des 14. Jahrhunderts um die gegenüberliegende Ölmühle ergänzt. Diese wiederum wurde dann im 16. Jahrhundert zu einer Walkemühle umgebaut. Die Kornmühle ist im 19. Jahrhundert teilweise zu einer Knochenstampfmühle umgenutzt und um einen pferdegetriebenen Ölgang erweitert worden. Die Walkmühle wandelte man 1861 und 1872 zum Wohnhaus um und ergänzte sie später durch einen Viehstall.

Die im Westmünsterland häufiger vorkommende Doppelanlage von Korn- und Ölmühle am angestauten Wasserzufluss

Auch Dreigiebelhöfe finden wir zwischen Borken und Coesfeld – hier ein Beispiel vom Ende des 19. Jahrhunderts

Oben: Stallfenster im Mauerwerksbau aus der gleichen Zeit

KREIS BORKEN

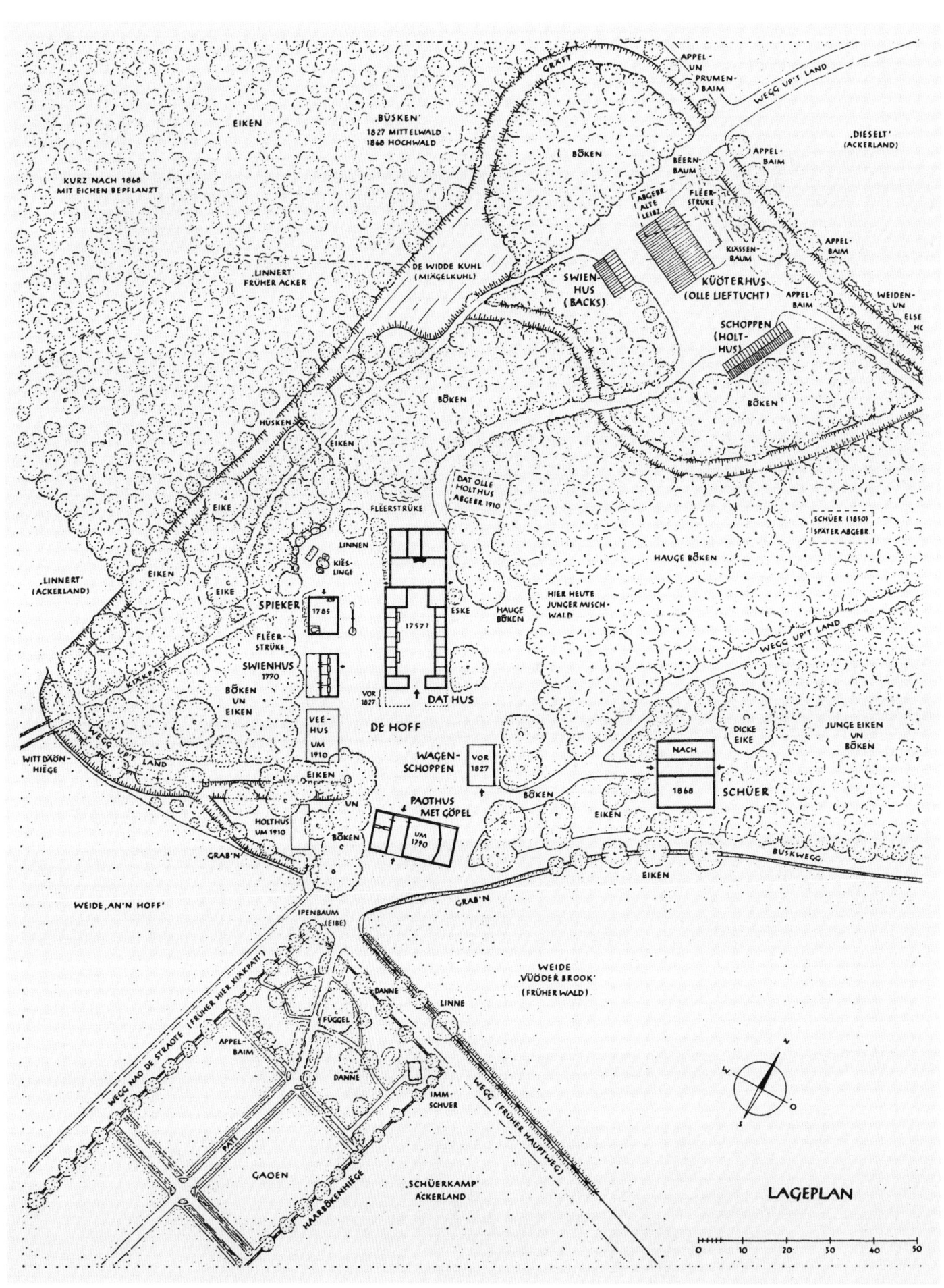

Der Lageplan zeigt die gesamte Hofanlage mit Nebengebäuden, Leibzucht und Gärten im Zustand ihrer größten Ausdehnung. Diese und die folgenden Darstellungen stammen aus Josef Schepers, *Haus und Hof westfälischer Bauern*.

Schulze Hauling

Legden

Dieser weitgehend in alter Substanz erhaltene, bauhistorisch wichtige Hof soll als Beispiel für alle großen Höfe des Münsterlandes ausführlich dargestellt werden. Die ehemalige Hofstelle lag am 200 m südwestlich vorbeifließenden Mühlenbach und wurde im Jahr 1750 an den heutigen Standort verlegt. Der Hofgarten wurde südlich des Hofes neu angelegt (s. Lageplan). Die Wirtschaftsgebäude wurden konsequent zum Haupthaus ausgerichtet, die brandgefährdeten Scheunen in einiger Entfernung in den Wald gebaut. Das Haupthaus entstand 1757 als Dreiständerbau mit Dachbalken (s. Schnitt- und Grundriss). 1827 verlängerte man die Deele um einige Fache, später wurde der Wohnteil erweitert. Der Speicher stammt von 1785 und wurde gleichzeitig zum Back-/Brauhaus ausgebaut. Die Gefache an den Giebeln wurden mit Schrägschichten im Ziegelmauerwerk verziert (Rauten-, Fischgrät- und Dreiecksvermauerung). Die Speichertür ist ein besonders markantes Stück Handwerkskunst. Das Schweinehaus wurde im Jahr 1770 gebaut, das leicht in den Weg gedrehte Torhaus später mit einem Scheunenanbau verlängert (Abb. linke Seite unten). Der Leibzuchtkotten mit Nebengebäude steht abseits im nördlichen Waldstück.

Die Anfahrt zum Hof Schulze Hauling. Das frühere Torhaus ist um eine Scheune verlängert worden, die alte Toreinfahrt wird nicht mehr genutzt. Im Hintergrund das Haupthaus

Eine „Hühnerleiter" führt zum hochgelegenen alten Hühnerstall. Die Hofpflasterung in verschiedenen Materialien ist bestens erhalten.

Der Giebel des Dreiständerhauses von 1757 – siehe auch Schnitt C–D

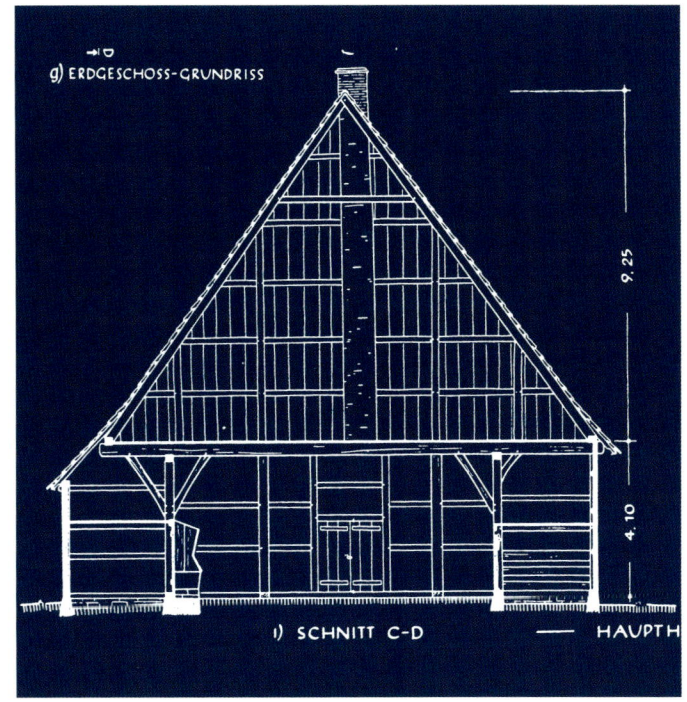

Der Hof Schulze Hauling aus der Vogelperspektive – im westlichen Grenzgebiet des Kern-Münsterlandes gelegen

An der alten Tenne (Diäle) werden heute Mastbullen im Laufstall gehalten. Eindrucksvoll die Balkenkonstruktion mit Kopfbändern und Pfetten

Grundriss und Schnitte des 1757 gebauten Haupthauses. Die Scherwand zwischen Wohnteil und Stall und die Stubenaufteilung zeigen den Beginn der Aufspaltung von Wohnen und Wirtschaften sowie von Herrschaft und Gesinde.

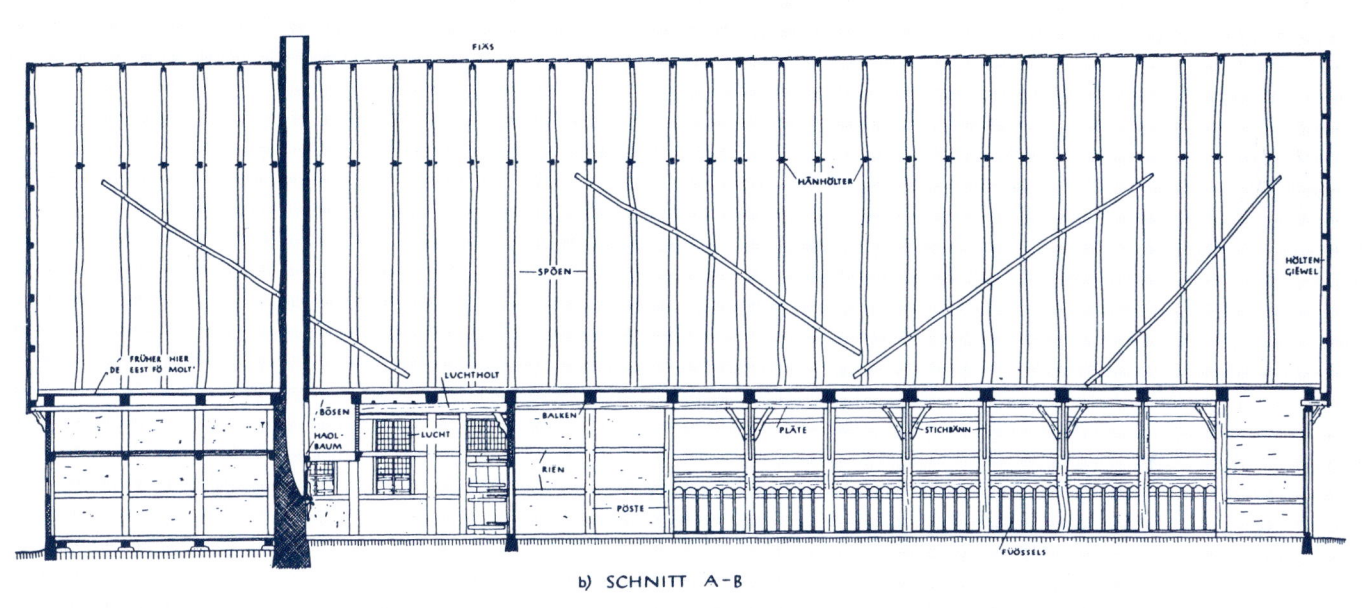

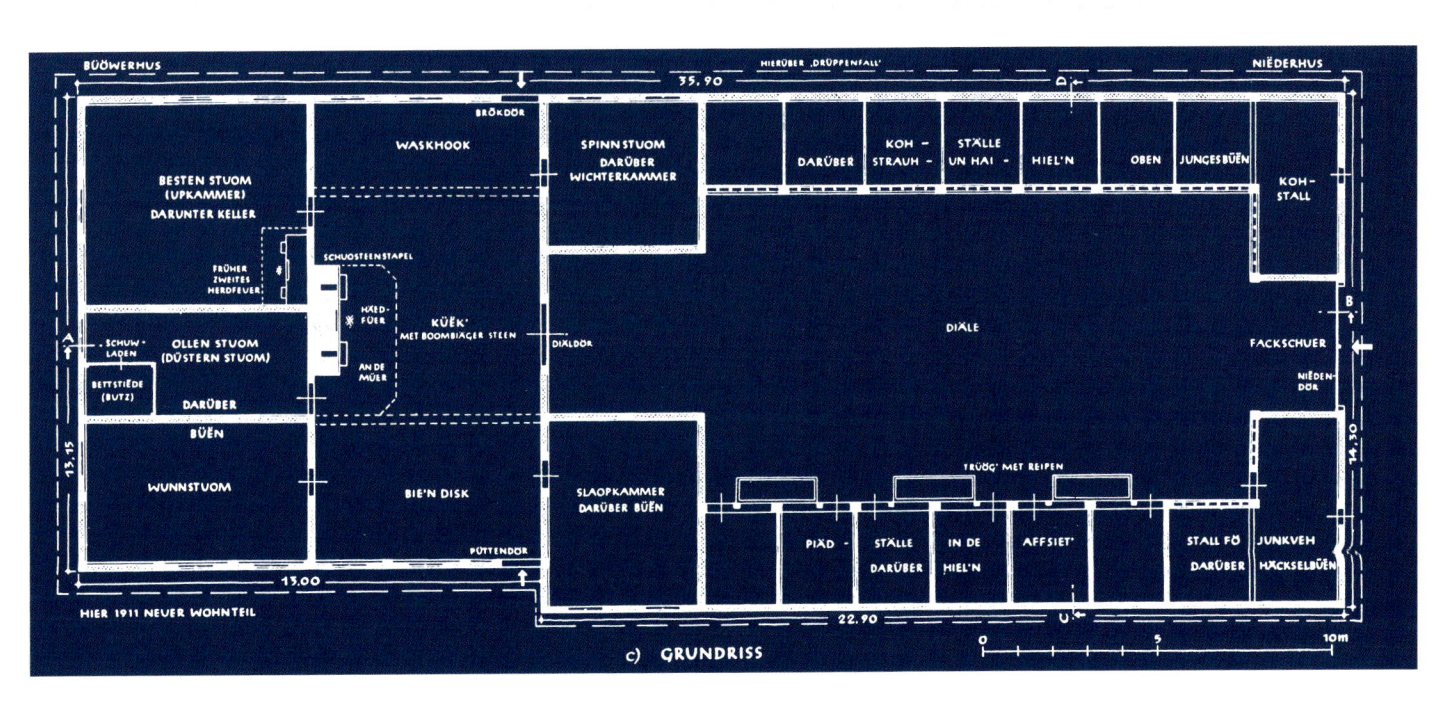

b) SCHNITT A-B

c) GRUNDRISS

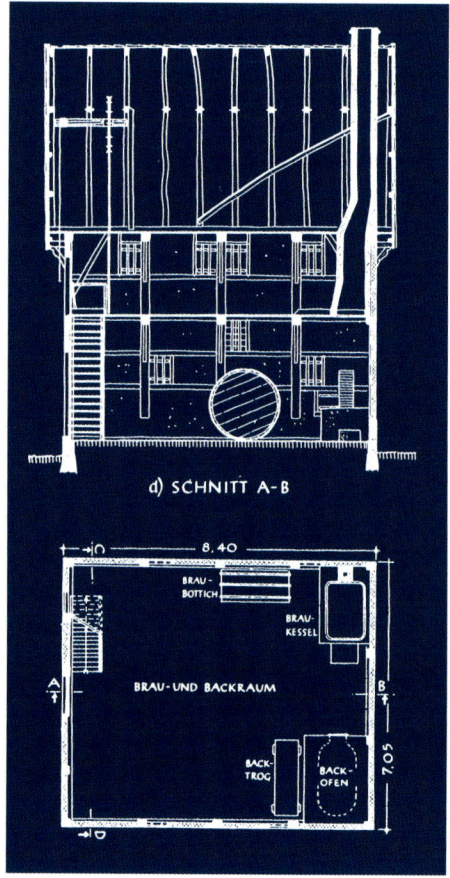

Grundriss und Schnitt des Getreidespeichers mit Brau- und Backraum

Schweinehaus und Speicher liegen an der Westseite des Haupthauses, im Hintergrund der alte Brunnen

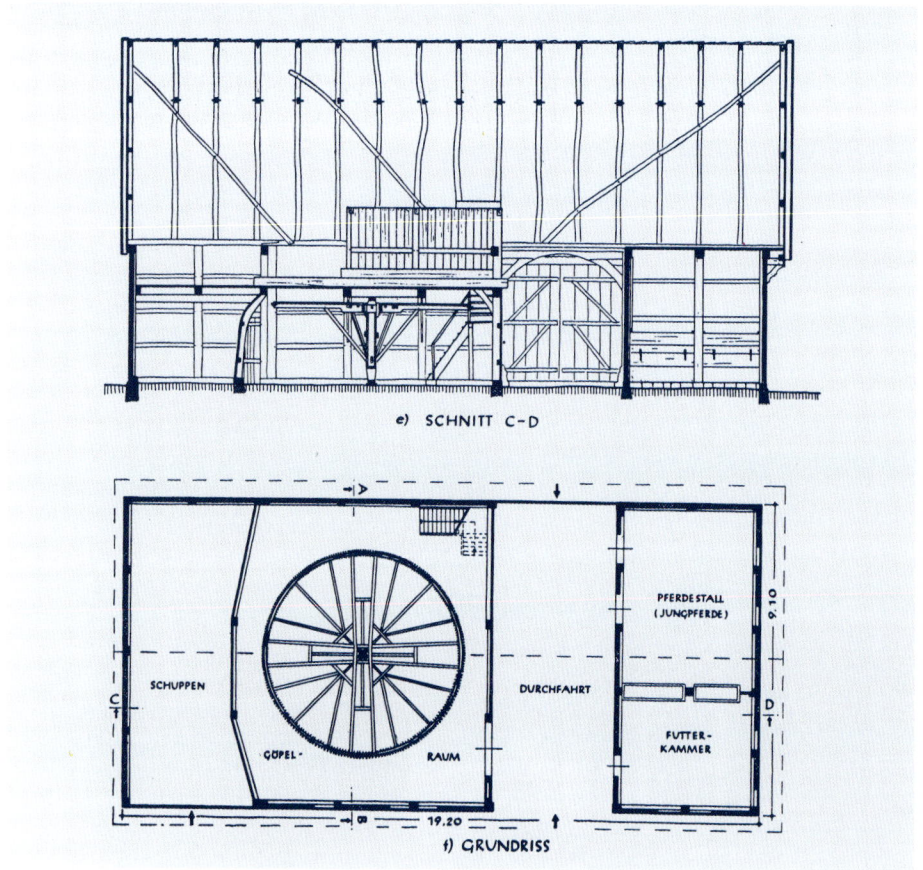

Rechte Seite: Das Schweinehaus – früher kam man mit vier kleinen Schweinebuchten aus!

Das Torhaus in seiner ehemaligen Form ohne Scheunenanbau, mit Göpelanlage als technischem Antriebsaggregat für das Dreschen und andere Arbeiten

Die Tür des Speichers – ein Stück typischer Handwerkskunst aus dem westlichen Münsterland

Der Speichergiebel – handwerklich das Schmuckstück des Hofes. Dahinter lagen Back-/Brauraum

KREIS BORKEN

Der Leibzuchtkotten (Vorgänger abgebrannt) mit Nebengebäude im Wald – 100 m nördlich abseits der Hofstelle, heute als Wohnhaus renoviert

Die Familie Schulze Hauling am Herdfeuer – ein Bild münsterländischer Familientradition Ende 19. Jahrhundert

Plagemanns Mühle

Metelen

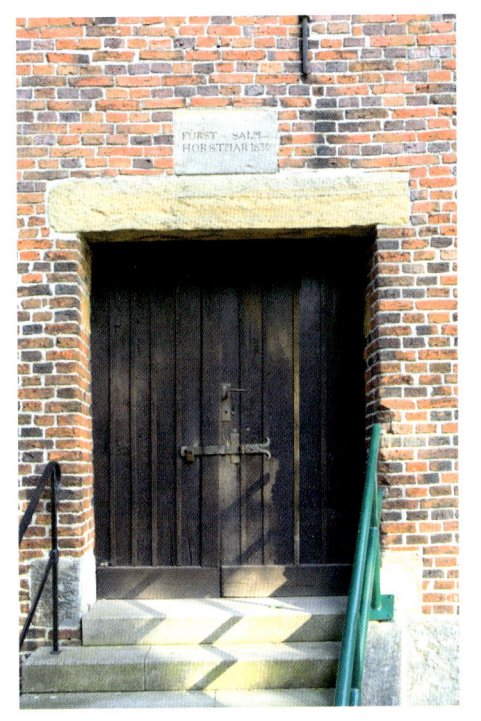

Das Datum der Erbauung dieser Kornwassermühle ist nicht bekannt, man nimmt aber an, dass diese kurz nach der Errichtung des Frauenklosters 879 erstmals erfolgte. Bei den Bränden Metelens von 1575 und 1580 zerstört, wurde sie 1598 wieder aufgebaut. 1632 wurden auch Erneuerungen am Mühlenstauwerk und am Wehr durchgeführt. Im Jahr 1670 erfolgte dann die Sanierung des Grundwerkes. 1680 hatte die Äbtissin des Klosters zusätzlich die Konzession zur Walkenmühle erteilt. Die folgenden Jahrhunderte diente sie als Stiftsmühle. Nach Aufhebung der Abhängigkeit vom Kloster Mitte der napoleonischen Zeit wurde die Mühle von bürgerlichen Pächtern des Fürsten zu Salm-Horstmar betrieben. Nach dem letzten Besitzer heißt sie heute Plagemanns Mühle. Durch den Einbau einer Turbine anstelle des Wasserrades und Auswechselung des verbrauchten Getriebes wurde die Anlage modernisiert. Nach zwischenzeitlicher Dreschnutzung richtete man 1927 ein Sägewerk ein, das bis 1986 in Betrieb blieb. Heute betreut der Heimatverein die Anlage als Mühlen- und Gattermuseum.

Das Hauptportal mit der Inschrift „Fürst Salm-Horstmar 1832"

Die alte Kornwassermühle – nach wechselvoller Geschichte heute Museum für Mühlentechnik

Schulte Welling

Laer

Mit den Höfen Rolevinck und Haus Laer wurde dieser Hof 1188 urkundlich erstmals erwähnt. Es wird vermutet, dass der Hof Welling ein Reichslehen war. 1297 wurden sämtliche Güter im Kirchspiel Laer an das Johanniter-Stift Steinfurt verkauft. Der Schultenhof Welling hatte damals schon eine Windmühle und Rechte an der Kirche. 1831/36 befanden sich auf dem Gelände des Schultenhofes eine Wasser- und eine Windmühle. 1979 bis 1982 wurde der Hof zum Rathaus und Kulturzentrum der Gemeinde Laer umgebaut. Das Haupthaus wurde Ratssaal und Sitzungstrakt, Raum für Ausstellungen und Kulturveranstaltungen. Der alte Speicher von 1870 wurde 1986 zur Begegnungsstätte für Seminare, Tagungen und Ausstellungen ausgebaut. Die restaurierte Windmühle wurde in die Teich- und Grünanlagen einbezogen.

Links: Der heilige Nepomuk – er stand früher im Zentrum von Laer an der Ewaldibach-Brücke.
Unten: Der alte Schultenhof Welling – heute Rathaus und Kulturzentrum von Laer

Der Speicher von 1870 ist heute Begegnungsstätte und dient unterschiedlichen Veranstaltungen.

Die Windmühle – in den Ursprüngen auf das 13. Jahrhundert zurückgehend

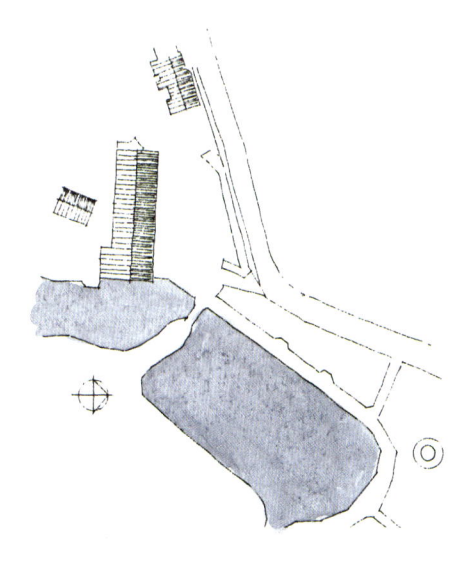

Der Lageplan zeigt die gesamte Hofanlage als neues Zentrum des Dorfes.

Der „Alte Posthof" und Haus Wellbergen

Wellbergen

Das alte Bauerngasthaus – erbaut 1589 – war halb verfallen und schon für eine Feuerwehrübung freigegeben. Mit Hilfe einer Stiftung wurde es in letzter Minute gerettet. 1966 am alten Standort abgebrochen, translozierte man ihn in die Nähe von Haus Wellbergen und baute ihn dort wieder auf. Der neue Standort war insofern prädestiniert, als hier schon seit 1665 ein Gasthaus stand, das den Kaufleuten aus Münster auf ihrem Weg in die Niederlande als Herberge diente. Deele und Flett sind heute im ursprünglichen Zustand wieder hergestellt. Sie dienen als Gastraum ebenso wie die alte Schankstube, die durch einen Doppelkamin mit dem Raum verbunden war, in dem früher das eigene Bier gebraut wurde. Im seitlich zugefügten, ebenfalls translozierten Nebengebäude sind die Küche und im Obergeschoss die Pächterwohnung untergebracht. An Haus Wellbergen, der Wasserburg aus dem 13. Jahrhundert (das heutige Hauptgebäude stammt aus den Jahren 1560 bis 1570), sind im Rahmen unserer Themenstellung die Ökonomiegebäude interessant. Die Wassermühle und ein Getreidespeicher liegen außerhalb der Gräfte und wurden 1625 bzw. 1632 errichtet. Die Mühle betrieb man in den ersten Jahrhunderten als Papier- und Ölmühle, ab Beginn des 19. Jahrhunderts nach Umbau als Kornmühle. Innerhalb der Burgmauern liegt im Winkel das lange barocke Ökonomiegebäude aus dem Anfang des 18. Jahrhunderts mit Torhaus und alten Pferdeställen. Es umschließt heute einen sehr gepflegten Rosengarten.

Der wiederaufgebaute „Alte Posthof Haus Wellbergen" – heute gediegenes Restaurant in historischer Umgebung

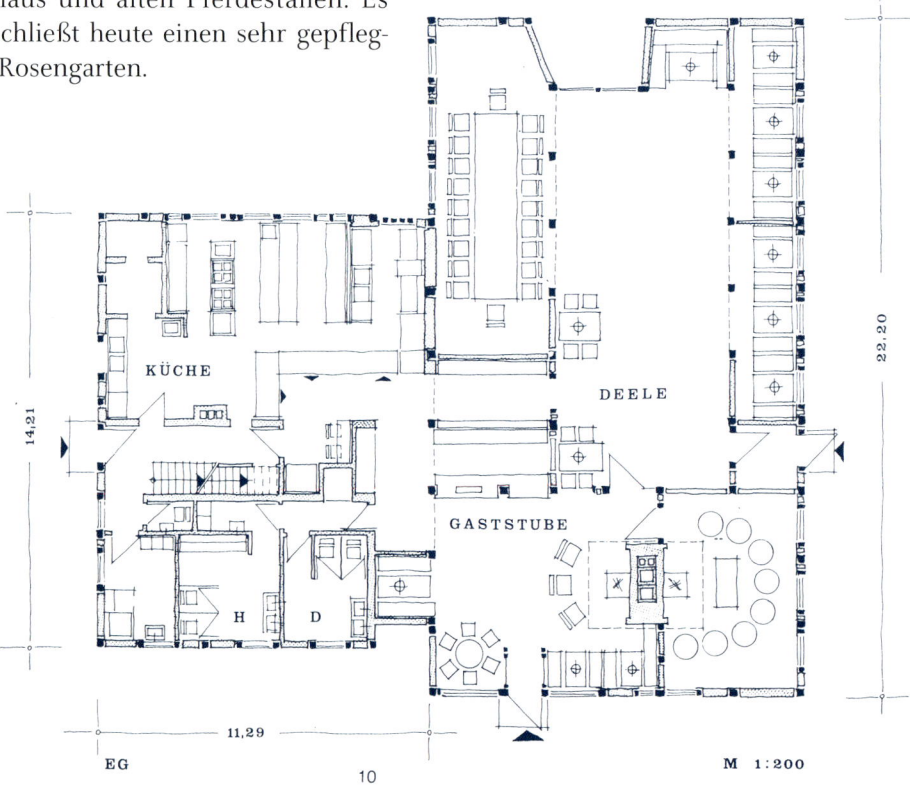

Grundriss des umgenutzten Haupthauses mit Küchenanlage im Nebengebäude

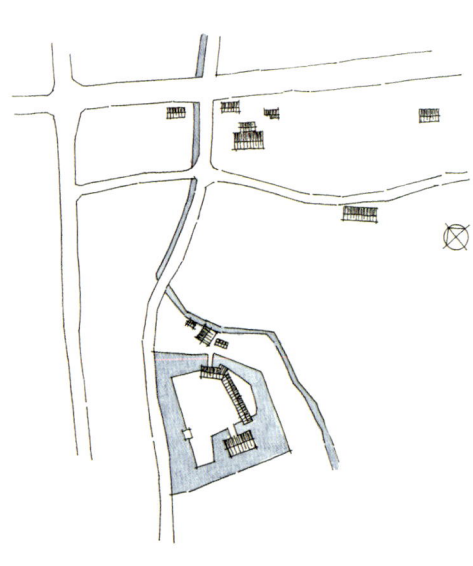

Lageplan – der Gauxbach speist Wassermühle und Burggraben

Oben: Links die Öl-/Kornmühle, rechts der Getreidespeicher – beide aus dem 17. Jahrhundert

Links: Der gepflegte Garten – jederzeit für Besucher zugänglich

Rechts: Das Ökonomiegebäude in barocker Gestaltung – umgebaut um 1730

Rechts: Der Treppenaufgang am Wohnhaus des Müllers

KREIS STEINFURT

Der nach Süden 1842 verlängerte und mit Sandstein verkleidete Wohnteil des Haupthauses.

Hof Bense

Schöppingen

Der alte Hof Bense war schon 1333 abgabepflichtig an das Kloster Herford. 1501 kam er an den Grafen von Bentheim. Der alte Fachwerkhof wurde 1842 fast vollständig mit Sandstein verkleidet und 1905 in Süd- und Nordrichtung axial verlängert. 1957 ergänzte man die Hofanlage, deren Torhaus wohl im 19. Jahrhundert abgebrochen wurde, um eine Maschinen- und Gerätehalle. Der Milchviehbetrieb lief Ende der neunziger Jahre aus. Heute wird die Hofstelle nur noch bewohnt.

Der Stallbereich mit doppelten Seitenfenstern aus dem 19. Jahrhundert

Schulte Veltrup

Steinfurt

Der Hof Schulte to Veltorpe wird im Jahre 890 erstmals urkundlich als Lehnshof der Klosterabtei Werden/Ruhr erwähnt. Der Gräftenhof, mit einer Fläche von 400–500 Morgen, brannte 1780 bis auf den Wehrspeicher ab. Schießscharten sind heute noch zu sehen. Auf dieses Gebäude wurde schon 1700 ein weiteres Obergeschoss aufgestockt. Die Hauptnutzung lag in der Lagerung von Getreide. 1972 brannte der Hof wieder ab und wurde mit neuem Konzept nach neuzeitlichen betriebswirtschaftlichen Erfordernissen wieder aufgebaut. Die Flächen sind heute verpachtet, der Hofspeicher wurde zum Bauerhaus-Café/Restaurant umgenutzt.

Der ehemalige Flucht- und Wehrspeicher von der Hofseite – heute Café-Restaurant mit Gastronomie auch im Garten

Die alte Untergeschosstür mit Inschrift von 1832

Das attraktiv gestaltete Restaurant im Hauptgeschoss

Hollicher Windmühle

Steinfurt

Dieses Wahrzeichen der Hollicher Bauerschaft stammt eigentlich aus dem Osnabrücker Land. Ihre Vorgängerin brannte am 5. Januar 1858 ab. Zwei entschlossene Männer, ein Bauer und ein Müller, kauften kurzerhand in der Hollicher Esch ein Grundstück und erwarben 1859 von der Königlich Preußischen Regierung das Mühlenrecht. Die heutige Mühle hatte am alten Standort ca. 60 bis 80 Jahre gedient und wurde kurzerhand hierher transloziert. Die Hollicher Bauern erkannten bald das Bauwerk als unentbehrliche Einrichtung für ihre Mehl- und Schrotvorräte und akzeptierten es als ihr neues landschaftliches Wahrzeichen. Ende des 19. Jahrhunderts musste die nicht immer zuverlässige Windkraft durch eine Dampfmaschine ergänzt werden, später mit Diesel- und dann mit E-Motor. 1985 übernahm der neugegründete Förderkreis die Betreuung und konnte 1988 die funktionsfähig restaurierte Mühle der Öffentlichkeit übergeben. Zusammen mit dem benachbarten Gehöft steht hier heute ein Denkmalpflege-Werkhof zur Pflege alter Handwerkstechniken mit der Mühle als restauriertes technisches Baudenkmal.

Haus Hörsten

Borghorst

Der alte Hofname leitet sich ab von Hof Schulte Nordhoff/Nordwalde – durch Markenteilung als Nordhoffs Hörsten bzw. Nordhoffs Kotten bezeichnet – mit der Jahreszahl 1826. Um das Jahr 1880 baute der damalige Besitzer, ein Leutnant Woldering, das Herrenhaus in historisierender Gestaltung mit neobarocken Elementen. Woldering war Rennpferdezüchter, es bestand auf dem Betrieb eine entsprechende Rennbahn, auf der regionale Pferderennen abgehalten wurden. Der Betrieb musste Anfang des 20. Jahrhunderts aus finanziellen Gründen verkauft werden und ging über an den Großvater des heutigen Besitzers. Zum Betrieb gehören 155 Hektar – 100 davon sind als Ackerland verpachtet, 50 Hektar Wald werden vom Eigentümer bewirtschaftet.

Das Familienwappen des Erbauers

Der Eingang zeigt deutlich neobarocke Gestaltungselemente.

Die Villa Haus Hörsten aus dem Jahr 1880

Bispinghof

Nordwalde

Die alten Gräftenhöfe von Nordwalde waren wohl Ende des neunten Jahrhunderts bei der Güterteilung zwischen Domkapitel und Bischof schon vorhanden. Der Bispinghof ging an den Bischof. Die Besitzer hatten die Aufgabe, die Steuer- und Pachtzinserhebung durchzuführen. Der Schulte zu Bisping war ebenfalls Bauernrichter der Kirchbauernschaft mit weiteren rechtlichen Freiheiten und Aufgaben, wie dem Vorsitz beim Gosegericht. Der vollständig im Wasser stehende turmartige Wohn- und Lagerspeicher bot, wie entsprechend auch auf dem Pröbstinghof, der Schultenfamilie und ihrem Gesinde in Notzeiten Schutz vor Übergriffen. Aus dem 16. Jahrhundert stammen die unteren Geschosse. Im 18. Jahrhundert wurden das Obergeschoss mit größeren Fenstern und das Krüppelwalmdach aufgesetzt. Torhaus und Brücke stammen aus dem 19. Jahrhundert, das heutige Haupthaus aus dem 20. Jahrhundert. Eine Scheune der Hofanlage wurde zur evangelischen Christuskirche umgebaut und in den 50er und 60er Jahren des 20. Jahrhunderts weiter ausgebaut.

Der turmartige Wohn- und Lagerspeicher wurde als sicherer Zufluchtsort voll von der Gräfte umgeben. Die unteren Stockwerke des Sandsteingebäudes stammen aus dem 16. Jahrhundert, das Obergeschoss mit Dachraum aus der Zeit um 1700, heute als evangelisches Jugendheim genutzt.

Schulze Lefert

Altenberge

Der Hof Schulze Lefert wurde unter dem Namen Leifarding 1174 als Lehnhof von Rittern an das Kloster Hohenholte abgegeben. Die heutige Familie lässt sich hier bis 1724 zurückverfolgen. Das Haupthaus stammt von 1808, der alte Sandsteinspeicher – ehemals in der Gräfte stehend – aus dem 16./17. Jahrhundert, das genaue Baujahr ist nicht bekannt. Der Hof wurde von den Stiftsdamen freigekauft mit der Auflage, einen neuen Hof zu errichten (1808). Am Horstmarer Landweg steht die Hofkapelle – heute unter Denkmalschutz.

Der alte, ehemals in der Gräfte stehende, Wehr- und Fluchtspeicher aus dem 16./17. Jahrhundert

Hof Floer

Borghorst

Dieser dem Stift der Abtei Borghorst zugehörige Hof wird bereits im 14. Jahrhundert im ersten kirchlichen Pachtbuch aufgeführt. Seit dem 16. Jahrhundert ist er im Besitz der Äbtissin. Zum Hof gehörten 1776 das Haupthaus mit 16 Fachwerken, Schuppen, Backhaus, Torscheune und Speicher. Ein Heuerhaus und ein Backhaus ergänzen 1790 die Hofanlage. 1811 fiel der Hof an den Fürsten Salm-Horstmar, 1824 wird er aus der Abgabenpflicht gelöst. Das heutige Haupthaus ist ein Vierständer-Querdeelenhaus, in den ältesten Teilen von 1722 (Herdfeuerstelle). 1869 wurden die Außenwände (Wohngiebel und Traufseiten) mit solidem Backsteinmauerwerk verstärkt. Der zweigeschossige, massive Backsteinspeicher stammt aus dem Jahr 1869. Die Gewände der Fenster und Türen sind in Sandstein ausgeführt, Zierbänder aus Ziegelsteinen bilden die horizontale Fassadengliederung. Zwei Ladeluken in den Obergeschossen deuten auf Kornlagerung. Backofen, Brauraum, Kornmühle und Kartoffelkeller zeigen die vielseitigen Nutzungen dieses Gebäudes. Die Fachwerkscheune mit älterem Kern wird datiert auf die 30er/40er Jahre des 20. Jahrhunderts.

Der Backsteinspeicher hatte in der Vergangenheit vielseitige Aufgaben zu erfüllen.

Die Hofeinfahrt gibt einen umfassenden Überblick über die Gesamtanlage.

Der langgestreckte Wohnteil des Haupthauses von 1722

Schulze Marquarding

Borghorst/Ostendorf

Der Name Marquarding ergab sich aus den Wortteilen „Mark-warding" – auf Grenze und Wacht hindeutend. Der jeweilige Hofbesitzer war damals Bauernrichter in Ostendorf. Er führte gleichzeitig den Vorsitz in der Ostendorfer Mark. Der Hof befindet sich bis heute im Familienbesitz. Das Hofwappen mit drei Vögeln auf dem Eichenbaum deutet auf ein Rittergeschlecht hin, das auf diesem Grenzhof seinen Sitz hatte. Die erste urkundliche Erwähnung dieses Gräftenhofes datiert aus dem Jahr 1286 – Grundherr war der Graf von Steinfurt. 1777 bestand auf der Hofstelle ein Haupthaus mit 17 Gefachen, ein Backhaus und ein Porthaus. Das heutige Torhaus (siehe Abbildung) ist der Nachfolger des ursprünglichen, erbaut 1811. Das heutige Haupthaus stammt ursprünglich von 1744. Der Giebel wurde 1949 in Backstein-Massivbauweise restauriert. Der Scheunenanbau wurde 1935 errichtet.

Über die Gräfte hinweg sieht man links das Torhaus und im Hintergrund das Haupthaus.

Das Haupthaus von 1744 mit im Jahre 1949 restauriertem Giebel

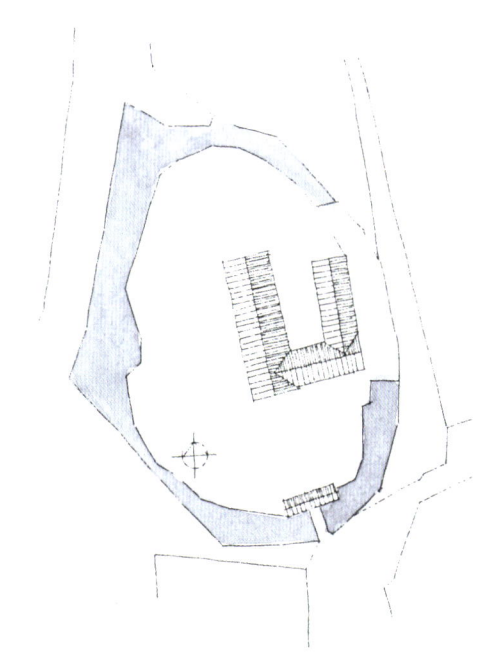

Der Lageplan zeigt, dass die Gräfte noch fast vollständig erhalten ist.

Das Torhaus von 1811 – erbaut auf den Fundamenten seines Vorgängers

KREIS STEINFURT 67

Große Einigmann

Hansell/Altenberge

In einer Steuerliste von 1498 wird der Gräftenhof Einigmann erstmals erwähnt. Damals lebten sieben Personen auf dem Hof. Abgaben waren an das Kloster Marienborn/Coesfeld zu leisten. 1841 wurde der Hof aus dieser Abhängigkeit gelöst und Ende des 19. Jahrhunderts änderte sich durch Heirat der Hofname in Woestmann. Das heutige Haupthaus stammt von 1880 – mit massivem Giebel und Fachwerk an den Seiten, das Vorgängergebäude wohl aus dem 17. Jahrhundert. Schon 1820 wurde außerhalb der Gräfte die sogenannte Piggenscheune errichtet, heute Abstellraum für Maschinen und Geräte. 1876 folgte das Backhaus – bis 1952 als solches genutzt. Erntebier wurde auf dem Hof von 1856 bis 1949 gebraut – das heutige Brauhaus stammt aus dem Jahr 1856, ebenso das Schweinehaus. Der Speicher wurde 1883 errichtet – beide Gebäude stehen unter Denkmalschutz. Der Betrieb lief im Jahr 1993 aus, die Flächen (45 Hektar) wurden verpachtet und der Hof wird heute im Nebenerwerb bewirtschaftet.

Klassizistische Elemente an der Haustür

Das Haupthaus mit massivem Giebel aus dem Jahr 1880

Der Schutzpatron ist hier der heilige Josef.

Der gemauerte und verputzte Ofen – im Münsterland eine Seltenheit.

Speicher (1883) und Backhaus (1876)

Die „Piggenscheune" von 1820, halb Mäusescheune, halb Torscheune

Schulze Hansell

Hansell/Altenberge

Der Gräftenhof Schulte Hansell wurde urkundlich erstmals 1245 erwähnt und befindet sich seitdem im Familienbesitz. Das Hofwappen stammt von der Sparrenburg bei Bielefeld und zeigt in den Sparren die lippesche Rose. Im siebenjährigen Krieg – am 7.11.1758 – erhielt der Hof einen sogenannten Salve-Garde-Brief von Ferdinand Herzog von Braunschweig und Lüneburg, der dem Inhaber des Briefes das Hab und Gut gegen Plünderungen sicherte. Das heutige Haupthaus stammt aus dem Jahr 1774 und wurde aus selbst hergestellten Feldbrandziegeln erbaut. Das 1880 quer vor das Hallenhaus gebaute Wohnhaus zeigt im Salon eine auf Putz gemalte Decken- und Wandbemalung mit Bibel- und Jagdmotiven. Das Torhaus an der Gräfte bestand bis 1920.

Die Haustür mit gemischten Stilelementen

Der Giebel des Haupthauses von 1874 – die Giebelfigur wird zur Zeit restauriert

Das 1880 quer vor Kopf angefügte Wohnhaus, ebenfalls aus dem Ende des 19. Jahrhunderts

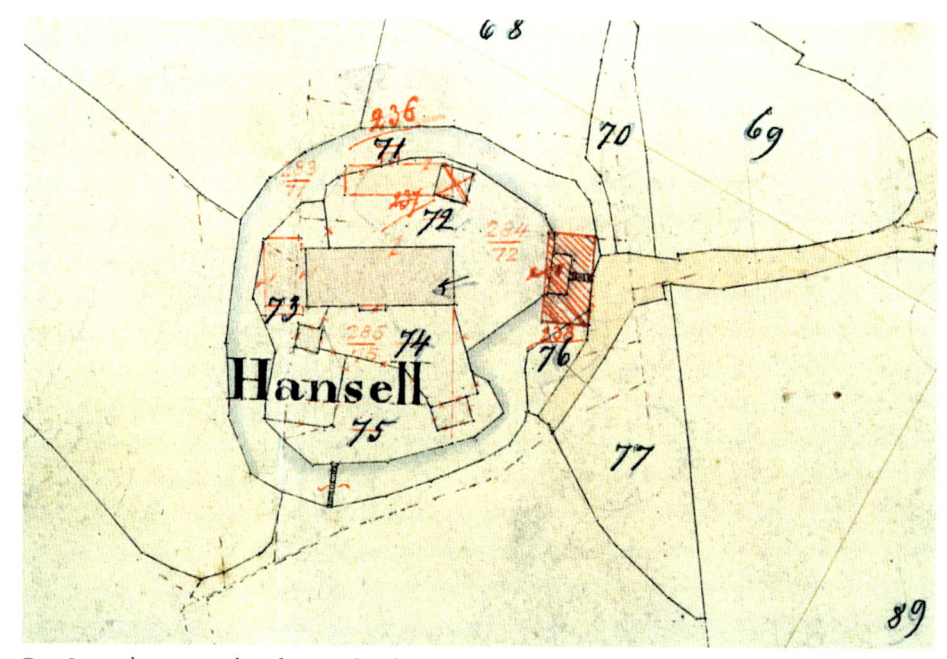

Der Lageplan zeigt die alte Gräftenhof-Anlage im Jahre 1827.

Oben Der Salon – die Wände sind mit Jagd-, die Decke ist mit biblischen Motiven bemalt. Oben rechts: Das Familienwappen Schulze Hansell. Unten rechts: Der Niederwildjäger aus dem 19. Jahrhundert.

KREIS STEINFURT 71

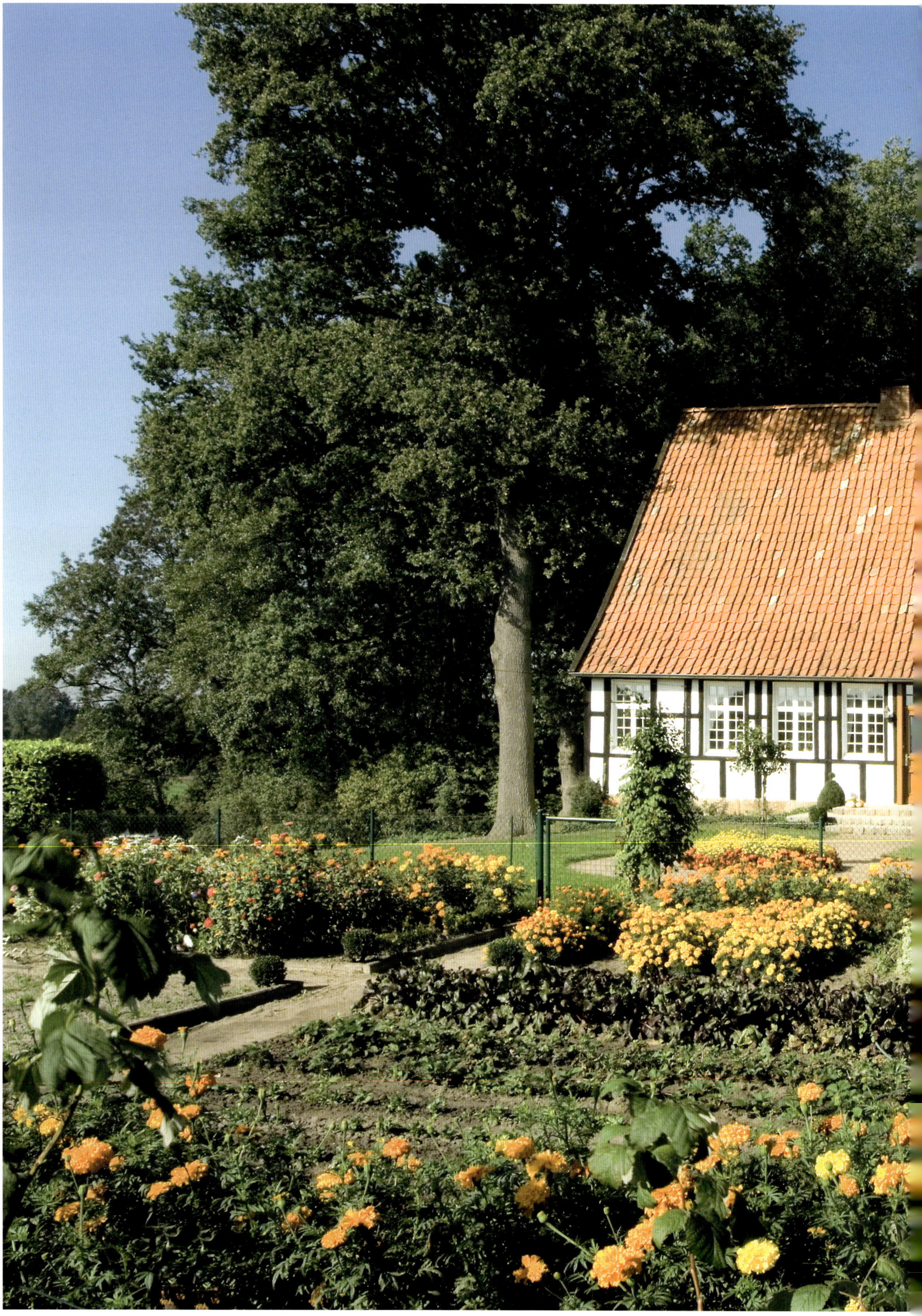

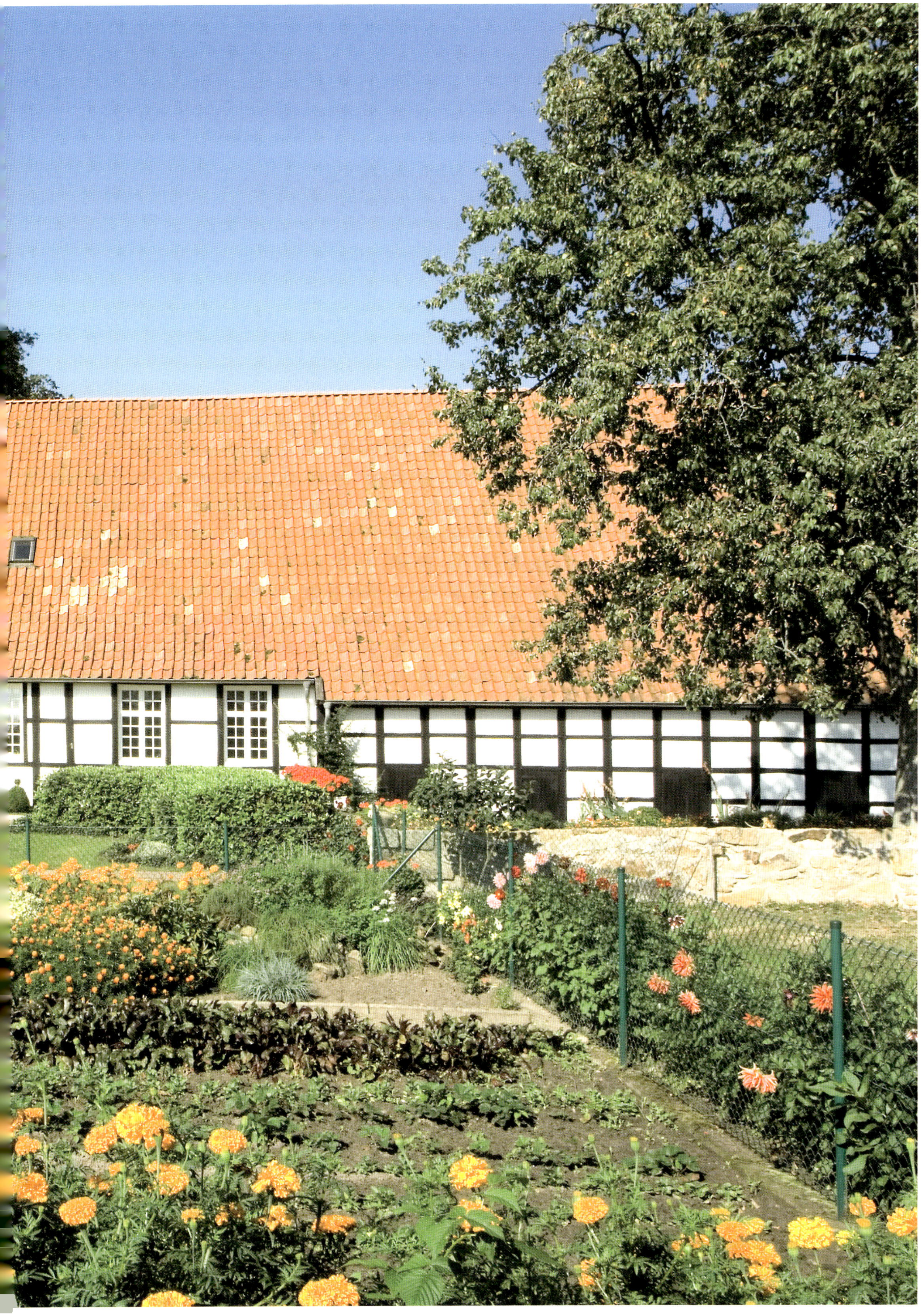

Hof Wachelau

Emsdetten

Der Hof Wachelau liegt an einer Emskrümmung und wurde 1196 das erste Mal erwähnt. Der Hofname wird von Wach = hohe Lage über der Ems (11 Meter) abgeleitet. Er war ein Lehnshof des Fürsten von Tecklenburg, später Eigentum der Familie. 1644 erfolgte der Bau des heutigen Haupthauses, der Giebel wurde 1858 saniert, das gesamte Gebäude noch einmal 1991. Das Herdfeuer ist noch original. Das Alter des Schafstalles ist nicht bekannt – ältestes Ziegelmaterial weist auf das Jahr 1601 hin.

Der Hof Wachelau von 1644 – mit Giebel von 1858 und Stallscheune von 1930

Die Lage des Hofes über der Emsniederung

Der Schafstall – das älteste Gebäude der Hofanlage, vermutlich aus dem 17. Jahrhundert

Die Bruchsteinmauer stützt die verschiedenen Ebenen im Gelände.

Der Wohnhausgiebel von Westen – beeindruckend die alten Hofbäume

Schulzenhof Lintel

Emsdetten

Im Jahr 1189 in der Chronik der Bauerschaft Ahlintel erwähnt, liegt diese Anlage im Mittelpunkt des Dreiecks Steinfurt-Greven-Emsdetten. Der damalige Name „Lintlo" ist abgeleitet von „Lindenwäldchen". Die alte Wirtschaftsweise erfolgte wie in dieser Landschaft üblich: Getreide auf fruchtbaren Eschflächen, Vieh auf sandigen Heiden, Ödlandflächen und lichten Waldungen. Am Anfang des 19. Jahrhunderts gehörten zum Hof 531 Morgen Ackerland. Im Zuge der preußischen Agrarreform sind auch die umfangreichen Waldflächen zum Hof dazugekommen. 1930 liegt die Hofgröße bei 568 Hektar, davon 391 Hektar Wald. Nach dem ersten Weltkrieg wurde für die großen Flächen schon ein Dampfpflug eingesetzt. Heute wird der Betrieb nach veschiedenen Stufen der Tierhaltung nur noch in Ackerbau und Forstwirtschaft betrieben.

Eine Quertorscheune, wohl aus dem 18. Jahrhundert unter der mächtigen alten Linde

Die gleiche Scheune mit Doppeltoranlage im Giebel. Im Hintergrund der Hofspeicher aus dem Jahr 1640 mit zweifach auskragendem Giebel – das älteste Gebäude der Hofanlage

Die stattliche Villa – im Jahre 1870 in moderner Architektursprache gestaltet

Die Hofeinfahrt mit Blick auf das Hauptgebäude (Café-Restaurant) und die umliegenden Nebengebäude

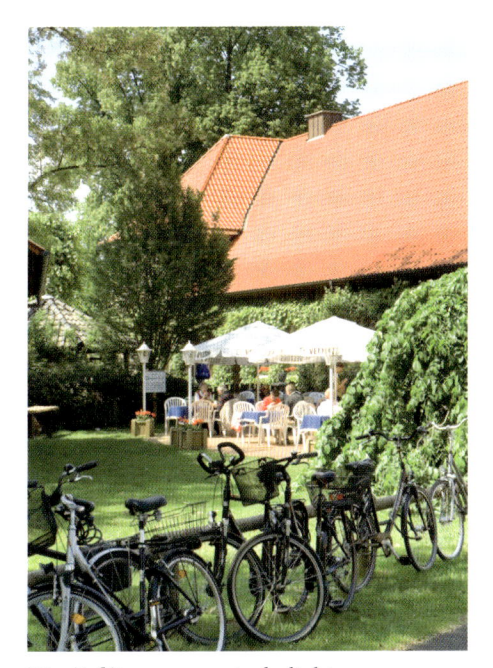

Hof Hohelüchter

Fuestrup

Haupthaus und Nebengebäude dieses Hofs wurden in Ziegel-Massivbauweise Ende des 19. Jahrhunderts errichtet. Der heute als „Tennenhof" bezeichnete landwirtschaftliche Betrieb produziert und vermarktet seit Jahren erfolgreich Kartoffeln, Gemüse (Spargel) und Eier. Durch den Standort des Betriebs am Erholungsgebiet „Kanalübergang" mit vorwiegend Erholungssuchenden per Fahrrad entwickelte sich ein weiteres wirtschaftlich erfolgreiches Standbein: Das Haupthaus wurde vor einiger Zeit zu einem besonders bei Radtouristen sehr beliebten Café-Restaurant mit Außenterrasse umgenutzt.

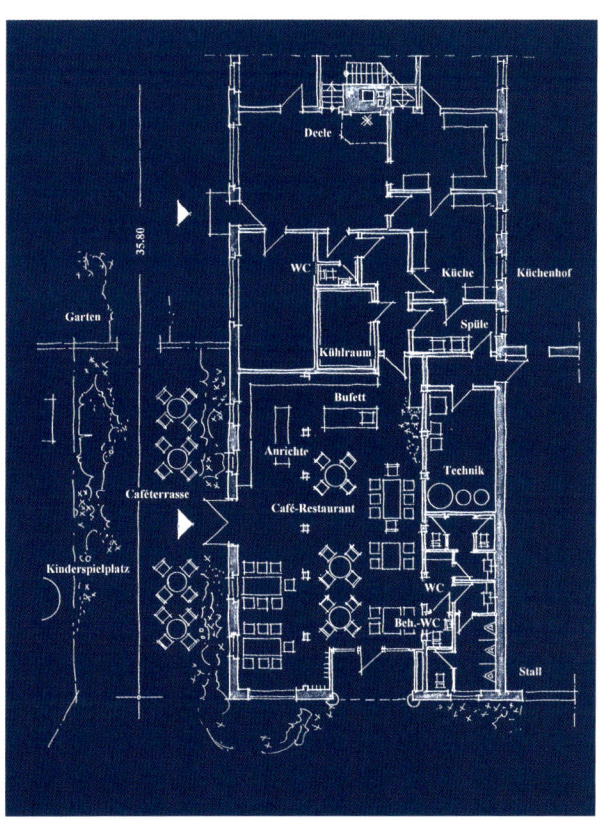

Die Caféterrasse – ein beliebtes Sommerziel für Radtouristen

Der Hauptgastraum auf der Tenne

Grundriss mit Erdgeschoss des Haupthauses: das Café-Restaurant in der alten Tenne, die Küchenanlage in der Verbindung zum anschließenden Wohnteil, WCs und Technik im seitlichen Stallteil

KREIS STEINFURT

Schulze Höping-Pellengahr

Greven

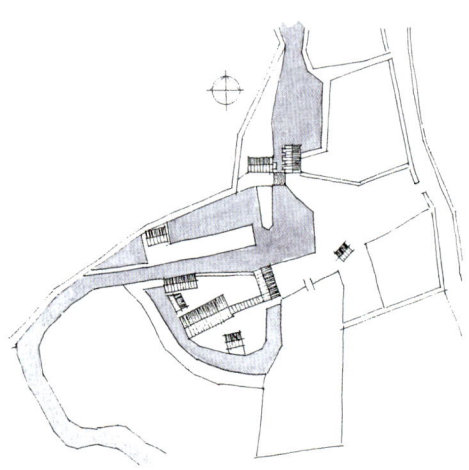

Man vermutet, dass die Ursprünge dieses Hofes untern dem Namen Schulte Aldrup bis vor das Jahr 1000 in die Frankenzeit zurückreichen. Er stand zunächst auf der anderen Straßenseite und wurde später auf den jetzigen Standort verlegt. 1196 bis 1820 gehörte der Hof Schulte Aldrup zum Domkapitel Münster. Als Schultenhof unterstanden ihm die umliegenden Höfe – hier wurden der Zehnte eingesammelt und Versammlungen im Torhaus (von 1550) abgehalten, unter anderem zur Rechtsprechung. Das Haupthaus des ehemaligen Gräftenhofes stammt von 1868 mit quer davorgestelltem Wohnhaus. Der Speicher von 1547 wurde 1850 transloziert und 1992 restauriert – zum Wohnen. 1560/70 wird eine Wassermühle in Doppelanlage gebaut, bis 1984 Getreide gemahlen. Die Ölmühle war schon vorher abgebaut worden. Seit Anfang des 20. Jahrhunderts sorgt eine Turbine (erneuert 1945) für den elektrischen Strom. Die alte Hofscheune – im unteren mittleren Foto hinter dem Speicher – stammt von ca. 1770 und lag ebenfalls innerhalb der Gräfte. Der heutige Betrieb bewirtschaftet 90 Hektar Ackerland mit Schweinemast und 23 Hektar Wald.

Der Lageplan zeigt den interessanten Verlauf der Gräfte

Im Giebel die beiden Familienwappen Höping und Pröbsting

Der Giebel des Haupthauses von 1868 – der Beginn der neuen Zeit ist ablesbar

Der Wohnteil – längs eingeschossig im Hallenhaus und quer zweigeschossig – entsprechend der Bauweise Ende des 19. Jahrhunderts

Der Hofspeicher von 1547 – heute Wohnhaus

Die alte Kornmühle – seit ca. 100 Jahren auch mit Wasserturbine

Rechte Seite:
Haus und Hausbaum in alter Tradition

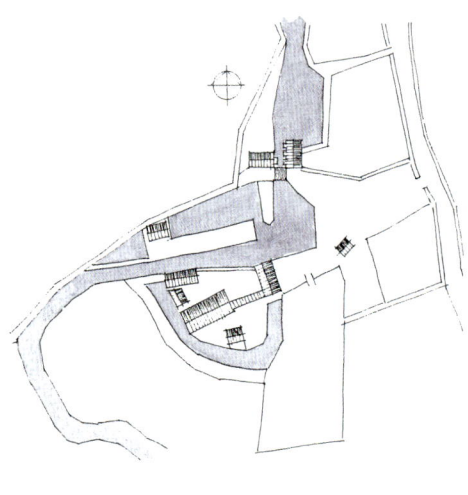

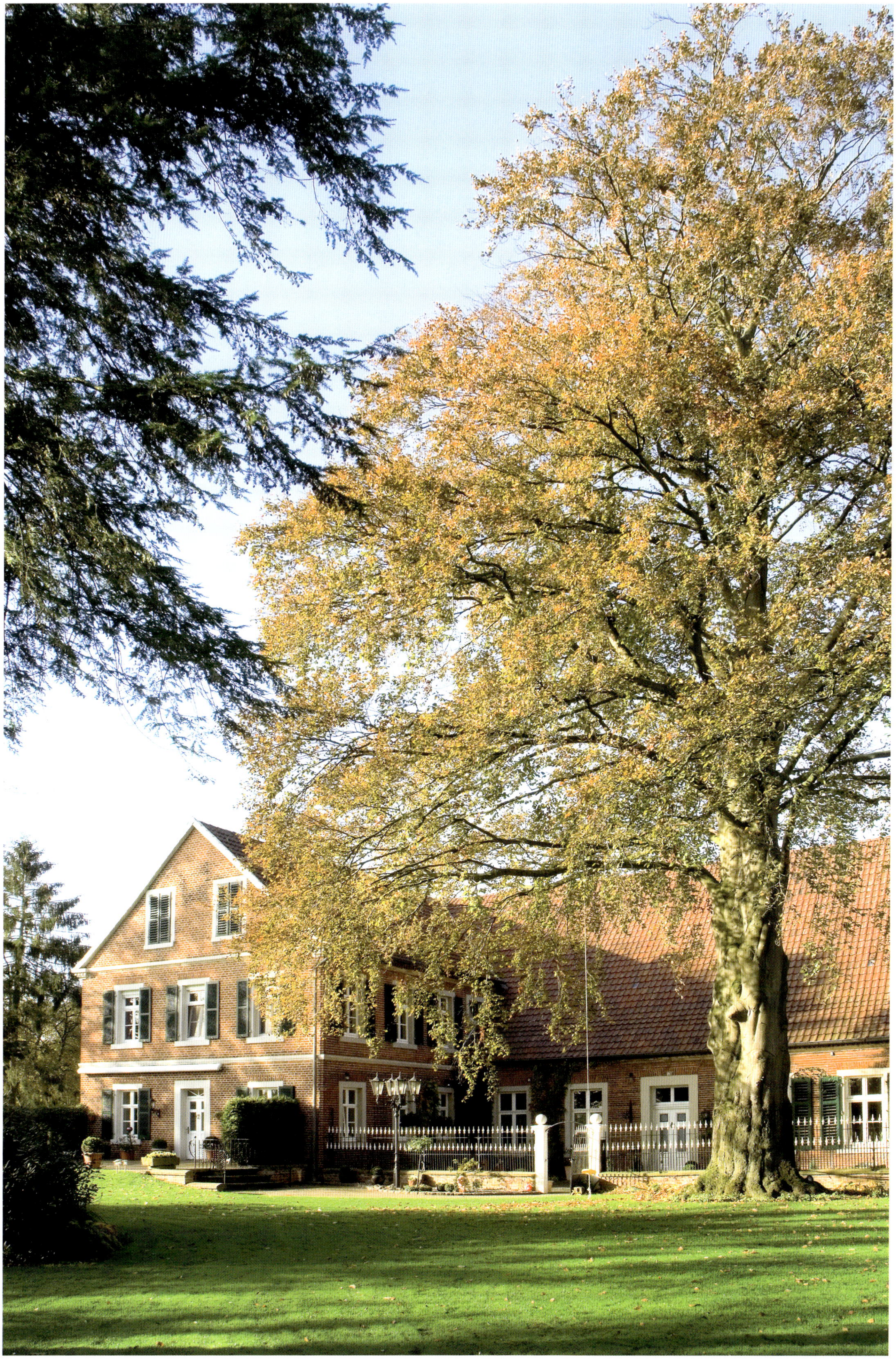

Knollmanns Mühle

Hörstel

Diese Wassermühle wurde im Jahr 1796 auf dem Hof Noje-Knollmann an der Hörster Aa gebaut – heute liegt sie wegen der Begradigung der Aa an der Veerbiäke. Zunächst wurde sie als Flachsmühle betrieben, später zusätzlich als Getreide-, Öl- und Walkmühle genutzt. Das unterschlägige Wasserrad ersetzte man 1914 durch eine Francis-Turbine. Die Bockemühle war schon 1900 zur Sägemühle umgebaut worden und wurde weiterhin mit dem Wasserrad angetrieben. Die gesamte Anlage ist mit Hilfe von öffentlichen Fördermitteln restauriert worden und wird heute vom Heimatverein in Stand gehalten.

Schultenhof

Mettingen

Dieser Hof bildet die Urzelle der Orts- und Besiedlungsgeschichte der Gemeinde Mettingen. Die Gesamtanlage umfasst folgende Gebäude: Haupthaus, Speicher, Remise, Scheune und Doppelheuerhaus. Man vermutet, dass die ursprüngliche Anlage im fünften Jahrhundert unter der Sachsenherrschaft entstand. Die erste urkundliche Erwähnung stammt aus dem 11. Jahrhundert (Gutsverzeichnis des Bischof Benno II. von Osnabrück). Im Verlauf einer wechselvollen Geschichte hatte der Hof viele verschiedene Eigentümer, unter anderem die Familie von Mettingen und das Haus Oranien. 1702 übernahm ein Vogt des Königs von Preußen den Schultenhof. Weitere fünf Besitzer werden in der Chronik genannt, ehe 1996 die Gemeinde Mettingen die gesamte Anlage übernimmt und restauriert. Heute werden die einzelnen Teile als Schulmuseum, Kunstspeicher, Gaststätte, Weinkeller, Raum für standesamtliche Trauungen, Museumscafé und Bauerngarten genutzt.

Das Haupthaus mit Remise im Hintergrund

Die eindrucksvollen Ausmaße des Schultenhofs – erkennbar in der Gesamtansicht der Traufseite des Haupthauses

Die liebevoll restaurierte Fensterreihe des Wohnteils

Das Doppelheuerhaus – heute als Wohnhaus genutzt

Ein alter Wohnhof (um 1900) aus der Gegend – mit Brunnen (Pütt) – wird durch Flechtzaun und Bruchsteinmauer vom Wirtschaftshof getrennt. Brunnenbaum aus Eiche mit Wurzelstock als Gegengewicht.

Gut Langenbrück
Westerkappeln

Die erste urkundliche Erwähnung dieses ehemaligen Rittergutes stammt aus dem Jahre 1263, als ein Ritter Wilhelm Ledebur auf dieser Burg wohnte. Der adelige und landtagsfähige Gutshof wurde dann 1350 von Rudolf von Langen erbaut. Nach wechselvoller Geschichte im Besitz verschiedener Familien und einiger Brände kam das Gut 1754 an den Amtmann Niemeyer, dessen Erben in Schleswig-Holstein wohnten, von wo aus das Gut eine Zeit lang verwaltet wurde. 1788 schrieb August Holsche: „Das adlige und landtagsfähige Gut und Rittersitz Langenbrück im Kirchspiel Kappeln an der Lingenschen Gränze in einer Ebene am Fuß des Schaafberges, hat kein herrschaftliches, sondern nur ein Verwalterhaus. Die ehemaligen kostbaren Anlagen und Wasserleitungen sind verfallen. Die Gegend ist aber nicht unangenehm. Es hat eine weitläufige und geschlossene Hofessaat, ein schönes Gehölz, mit breiten Alleen durchschnitten, viel gute Wiesen und könnte zu einem angenehmen Landsitz gemacht werden, wenn Kosten daran gewandt würden. Es hat einen Graben ums Haus, über welchen eine steinerne Brücke führet, zwo Mühlen, eine Mahl-und eine Oelmühle." Das Gutsarchiv von Langenbrück ist 1902/1907 verlorengegangen, sodass eine exakte Hausgeschichte nicht nachvollzogen werden kann. Nach weiteren verschiedenen Besitzern kaufte es schließlich 1928 eine Kaufmannsfamilie, die das Herrenhaus und die gesamte Gutsanlage mit Kapelle und Park in Stand setzte und im 20. Jahrhundert durch Neubauten und Translozierungen erweiterte. In den Hauptgebäuden werden heute Pferde gehalten.

Der Ziergiebel über dem seitlichen, quer zur Hauptachse liegenden Einfahrtstor

Oben rechts: Das 1935 vom neuen Besitzer erbaute Haupthaus – ein eindrucksvolles Vierständerhaus mit drei Giebelauskragungen

Haupteinfahrtstor

Die gesamte Hofanlage mit Wirtschaftsteil

Der aus der näheren Umgebung – Bauerschaft Westerkappeln-Sennlich – 1970 gekaufte (Ludinghaus genannte) Hof, dort abgebrochen und auf Gut Langenbrück wieder aufgebaut.

Unten links: Auch eine alte Hofmühle wurde 1966 an anderer Stelle abgetragen und hier wieder aufgebaut.
Unten rechts: Holzbaudetails am Einfahrtstor des translozierten Vierständerhauses

Hof Driehof

Tecklenburg

Über die Vorgeschichte des Hofes ist wenig bekannt. Er lag in der Hofgemeinschaft der sogenannten Scholtenhöfe – der Name entwickelte sich vermutlich aus den Worten „Drei Höfe". Die Besitzer sollen im Laufe der Jahrhunderte häufig gewechselt haben. 1789 ist das heutige Haupthaus gebaut worden mit zweifach über Knaggen vorkragendem Giebel. Spätere Dachausbauten sowie Umbauten im hinteren Teil des Hofes veränderten die Gebäudestruktur. Alte Ställe, Scheunen und Speicher wurden so zu Stallanlagen für die Sauenhaltung umgebaut. Heute wird die Sauenhaltung auf der Grundlage von 27 Hektar Nutzfläche betrieben. Stallgebäude und Flächen sind verpachtet. Das Haupthaus ist nur noch zum Wohnen genutzt.

Das Torpfosten-Detail zeigt den Gestaltungswillen des Handwerkers.

Der Haupthausgiebel und, links angebaut, ein ehemaliger Stall, heute umgenutzt zur Pächterwohnung

Das alte Deelentor mit der Inschrift von 1789

Rechts: Die ehrwürdige alte Hofeinfahrt präsentiert ländliche Baukultur am Südrande des Teutoburger Waldes.

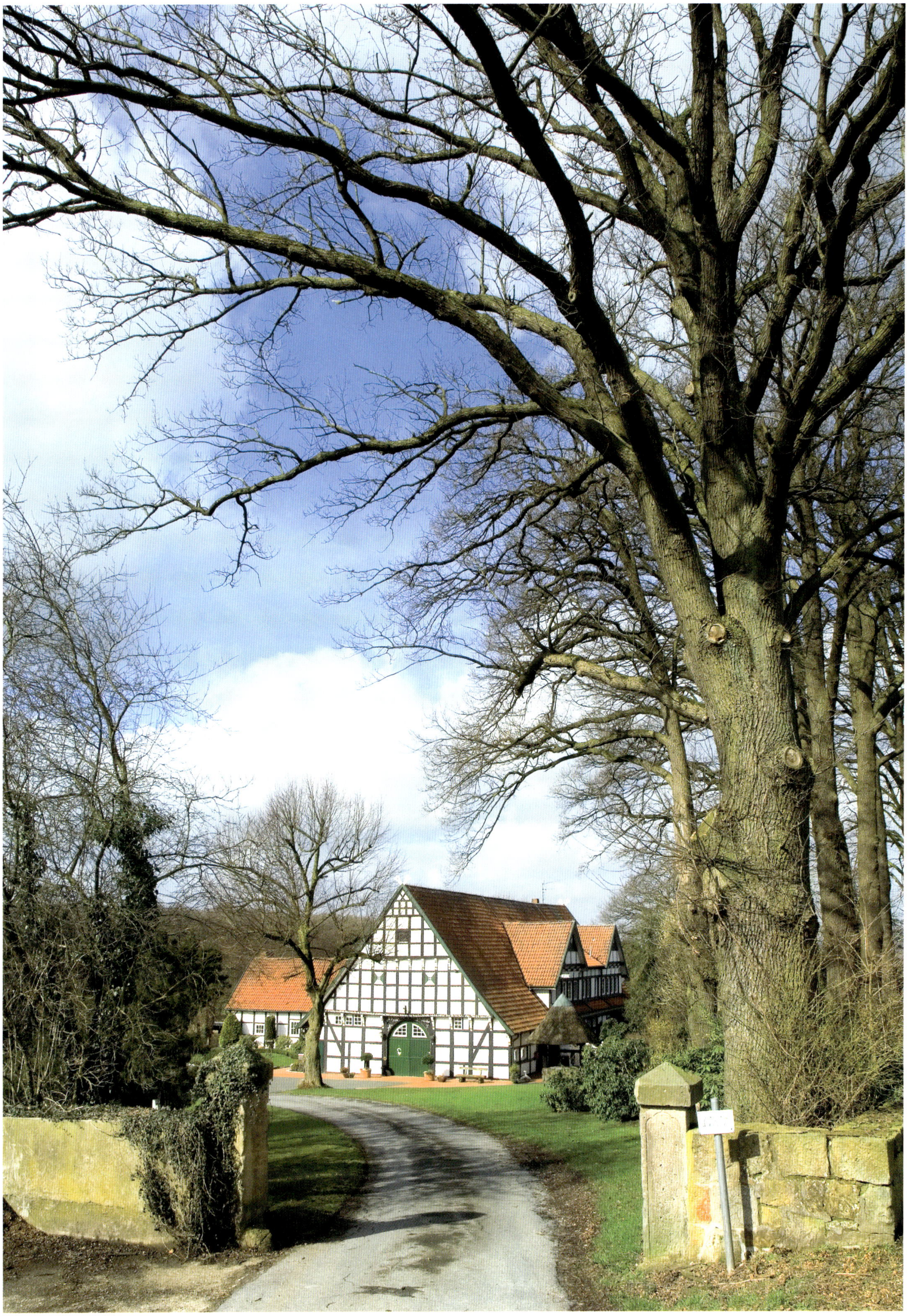

Hof Lagemann

Tecklenburg

Der Hofname Lagemann hatte viele Vorgänger, im Volksmund war früher der Begriff „Aule Hürmann" gebräuchlich. Bis zur Säkularisation war der Hof Lagemann eine Heuerstätte des Damenstifts in Leeden. Vorher waren mehrere Generationen der Familie Pächter der Ländereien des Stifts. Um im Dreißigjährigen Krieg die Hofstätte dem Zugriff des Bischofs von Osnabrück zu entziehen, soll sie als Vorwerk vom Stift abgetrennt gewesen sein. Im Jahre 1823 betrug die landwirtschaftliche Fläche 1184 Morgen. Während schwerer Zeiten Anfang des 20. Jahrhunderts waren die Gebäude in schlechtem Zustand – in einem Winter brach ein Dach unter der Schneelast ein. Nach dem Zweiten Weltkrieg kam der Hof zu neuer Blüte – mit Herdbuchzucht und Maschinen-Lohnarbeiten. Das alte Haupthaus stammt aus dem Jahr 1746, es wurde 1859 erneuert.

Der Torbogen erzählt historische Daten.

Der Haupthausgiebel von 1859 – ein Zweiständerhaus in der Fachwerk-Mischform des Teutoburger Wald-Vorlandes

Hof Grothmann

Tecklenburg

Am Nordfuße des Brandenberges liegt der im Jahr 1427 erstmals urkundlich erwähnte Hof Grothmann, der zu jener Zeit an den Grafen Otto von Tecklenburg verkauft wurde. Im Dreißigjährigen Krieg wurde der Hof, bestehend aus Haupthaus, Leibzucht und Backhaus, verwüstet und lag lange Zeit brach. Der gräfliche Erbpachthof unter dem Namen Telgmann (Telge = junge Eiche) kam später wieder zur Blüte und wurde Anfang des 19. Jahrhunderts frei. Der Kernbau stammt aus dem 17. Jahrhundert, der Wohnteil aus dem 18. Jahrhundert. Das gesamte Gebäude wird im 18. und 19. Jahrhundert auf die heutige Größe erweitert/verlängert. 1999 renovierte man das Hauptgebäude durch Umbau zum Ferienhof für Behinderte. Dieses Projekt wurde grenzübergreifend gefördert: durch die niederländische RIBO-Stichting, das Land NRW, das Arbeitsamt Rheine sowie durch das EG-Interessenprogramm.

Das Haupthaus des Betriebes aus dem 18./19. Jahrhundert – heute zum Ferienhof für Behinderte umgenutzt

Gut Erpenbeck
Ladbergen

Das Staatsarchiv in Münster bestätigt die älteste urkundliche Erwähnung dieses Hofes im Tal des erlenbestandenen Ladbergener Mühlenbachs um 1260 (Erpestorpe, später Erpenbeck, aus „Erlen" und „Bach"). Urnenfunde aus dem Jahr 1938 weisen auf ein Siedlungsgebiet bereits um 1000 v. Chr. hin. Während des Dreißigjährigen Krieges diente diese Hofanlage den Grafen von Tecklenburg als vorgeschobenes Kastell gegen die Bischöfe von Münster. Hier wurde auch der Landtag abgehalten. Als befestigte Bauernsiedlung mit Gräfte umgeben, erhielt die Anlage 1777 ein Torhaus über einer Brücke (früher Zugbrücke) mit schwerem Eichentor. Das Haupthaus von 1791 ist in Ziegelmauerwerk gebaut. Der zweistöckige Speicher aus dem Jahr 1764 beherbergt

Blick in die ehemalige Flettdeele – mit der alten Brauttruhe von 1414

Das Torhaus von 1777 mit Blick auf den Giebel des Haupthauses

Die vom Mühlenbach gespeiste Gräfte mit Brücke und Torhaus

Remisengebäude mit dem alten Pferdestall im Hintergrund

Der ehemalige Kuhstall mit Scheune – heute zum Wohnen genutzt

im hinteren Teil zwei Backöfen. Zwischen Speicher und Haupthaus wächst noch heute eine tausend Jahre alte Eibe. Da ein hoher Anteil Heide zum Betrieb gehörte, wurde vornehmlich Schafhaltung betrieben. Mehrere Schafställe riss man schon vor mehr als hundert Jahren ab, nachdem man mehr und mehr Ödland kultiviert hatte. 1879 bestanden die landwirtschaftlichen Nutzflächen aus 390 Morgen Kulturland und 520 Morgen Heide, Ödland und sumpfigen Wiesen. Die Wassermühle wurde urkundlich erstmals 1616 erwähnt („Stau zu Erpenbecke, verhandelt auf dem Landtag zu Tecklenburg"), das Staurecht ab 1755 erteilt. Nach langen Verhandlungen wegen der dörflichen Konkurrenz wurden dann 1840 die Öl-, Boke- und Zichorienmühle in Betrieb genommen. Die noch bestehende Getreidemühle stammt aus dem Jahr 1885 und erhielt 1923 eine Turbine für Lichtstrom. 1970 wurde diese stillgelegt. Sie ist heute als technisches Museumsstück funktionsfähig restauriert und als solche zu besichtigen. Die Gebäude der ehemaligen Öl- und Zichorienmühle sind inzwischen zu Wohnungen umgenutzt worden. Die historische Technik der Ölmühle befindet sich heute im Freilichtmuseum Hagen. Im Jahr 1920 wurde der Familie Erpenbeck von der damaligen Behörde die Genehmigung erteilt, eine private Begräbnisstätte zu errichten, die bis heute gilt.

Eine Stallscheune an der Hofeinfahrt – wie der Haupthausgiebel mit weiß geputzten Gefachen

Die Getreidemühle – heute technisches Museum

1989 restauriert, heute in voller Funktion zu besichtigen

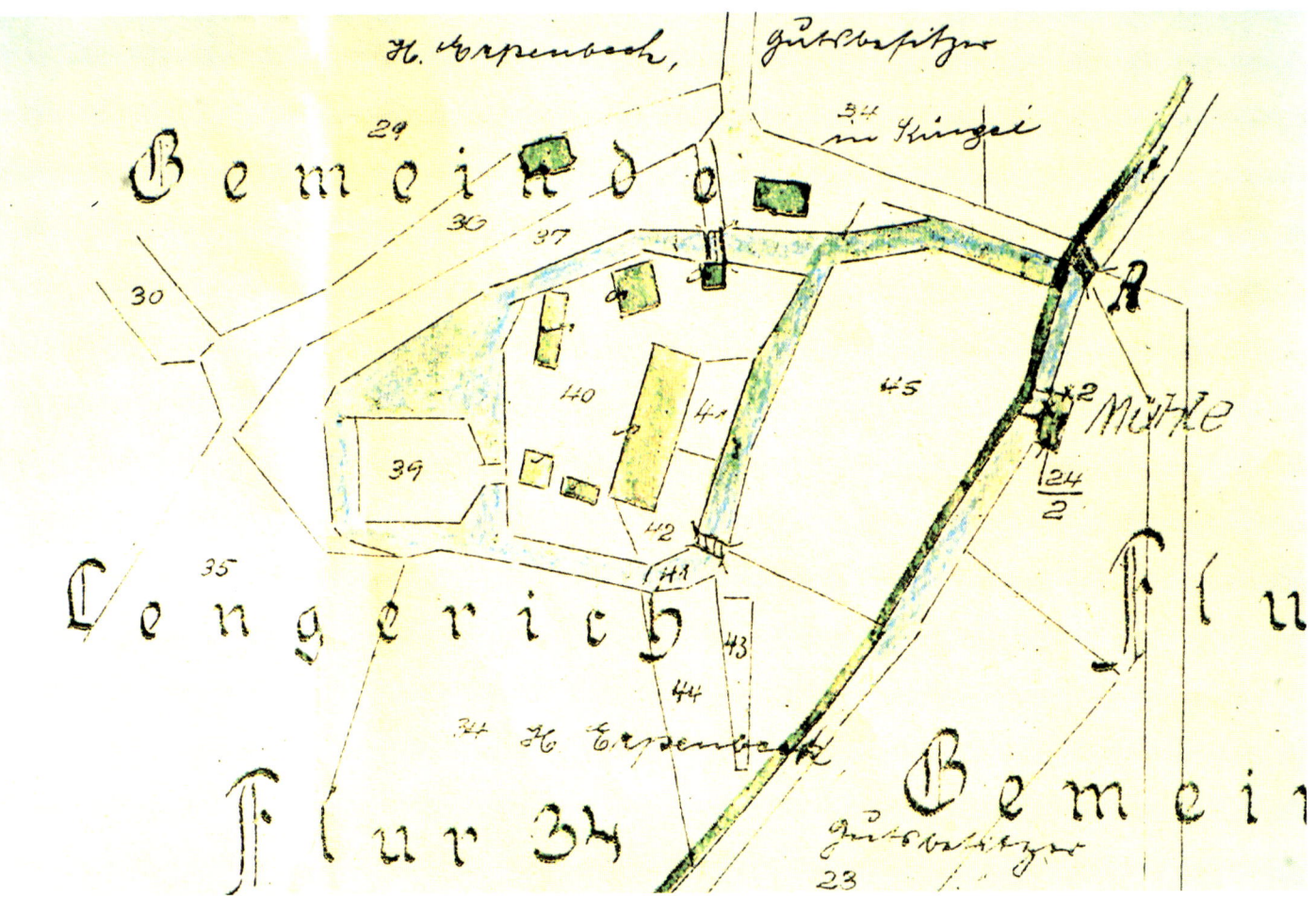

Auf dem Lageplan sieht man die große Hofanlage um 1920.

Der baulich gut erhaltene Speicher rundet das Hofbild nach Südwesten ab.

KREIS STEINFURT

Hof Berkemeier

Lengerich

Die erste urkundliche Erwähnung dieses Hofes stammt aus dem Jahr 1380. Das quer zur Hofeinfahrt stehende Haupthaus wurde 1870 errichtet – mit dreifach vorkragendem Giebel. Scheune und Maschinenschuppen sind älteren Datums. Der noch ältere Speicher zeigt das Erbauungsjahr 1757. Der erste neue Laufstall für die Milchviehhaltung von 55 Kühen wurde 1981 quer an das Haupthaus angebaut. Die Entwicklung des Betriebes erforderte im Jahr 2005 einen neuen, moderneren Offenlaufstall für 130 Kühe. Die Mastbullen werden in der alten Scheune gehalten.

Oben: Die durch Mauerpfosten mit Radabweisern markierte Hofeinfahrt erschließt die gesamte Hofanlage – von alt nach neu.

Mitte: Ein neuer Milchvieh-Offenlaufstall für die tiergerechte Haltung von 130 Kühen

Unten: Die Milchkühe am Futtertisch, den sie wahlweise aufsuchen können

Der alte Speicher von 1757 – heute zum Wohnen genutzt

Eine starke handwerklich-gestalterische Aussage

Das 1922 gebaute Wohnhaus – eine für das Münsterland untypische Bauform

Hof Schmiemann
Lienen

Dieser Hof ist als einer der vier großen Höfe der Dorfbauerschaft Lienen 1921 abgebrannt und an der Holperdorper Straße wieder aufgebaut worden. Die Stallungen, ebenfalls aus den 20er Jahren, brannten 1953 nochmals ab und wurden im gleichen Jahr wieder aufgebaut. Der alte Garten stammt gleichfalls vom Anfang des 20. Jahrhunderts. Das für das Münsterland untypische Wohnhaus in einer gestalterischen Mischbauweise – für 1922 schon als Historismus zu bezeichnen. Die Fassaden wurden 1990 restauriert. Heute besteht hier eine große Tierarztpraxis.

Hof Waltermann
Holperdorp

Dieser harmonisch in der Landschaft gewachsene Bauernhof liegt am Rand des Teutoburger Waldes und zeigt in seiner Gesamtanlage die Entwicklung vom 18. bis ins 20. Jahrhundert. Das Haupthaus aus Sandstein stammt von 1860, die Hofscheunen sind wesentlich älter, der neue Laufstall wurde 1996 für 50 Milchkühe und die dazugehörige Nachzucht gebaut, und dies auf der Grundlage von 87 Hektar Nutzfläche. Die Holzwirtschaft mit 40 Hektar Mischwald ergänzt das Hofprogramm mit der Lieferung von Bau-, Möbel- und Brennholz.

Hof Keller

Holperdorp

Das Haupthaus des früher Brewe, dann Keller und heute Schwarz genannten Hofes stammt aus dem Jahr 1793 und liegt ebenfalls am Fuß des Teutoburger Waldes. Hofscheune, Schweinestall, Hühnerstall und Holzschuppen vervollständigen die Hofanlage. Als Mischbetrieb über Jahrhunderte bewirtschaftet, werden heute seit 1987 in der umgebauten Maschinenscheune Sauen gehalten. Die Flächen – 20 Hektar Acker und 20 Hektar Wald – sind verpachtet.

Der Haupthausgiebel von 1793 – zweifach über Knaggen vorkragend

Eine romantische Hofeinfahrt am Fuße des Teutoburger Waldes

Haus Westerhaus

Rinkerode

Der Hof wurde im 16. Jahrhundert erstmals urkundlich erwähnt, ab dem 18. Jahrhundert datiert er als Besitz der Familie Dabbelt. Das Baujahr des stolzen Vierständerhauses ist nicht bekannt. Ein Glockengießer namens Westhues soll seine Werkstatt an der Rothenburg in Münster gehabt haben. Von ihm stammt unter anderem eine Glocke in Drensteinfurt. Den Milchviehbetrieb gab man 1990 auf. Heute wird auf der gepflegten Hofstelle nur noch gewohnt.

Ein gut erhaltenes Vierständerhaus – vermutlich vom Ende des 18./Anfang des 19. Jahrhunderts

Pfarrhaus St. Pankratius

Rinkerode

Aus dem alten Pröbstinghof (12. Jahrhundert), auf dem der Domprobst die Abgaben der umliegenden Höfe einzusammeln hatte, entstand 1697 – wohl als zweite Anlage – dieser Pfarrhof in unmittelbarer Nachbarschaft. Der Pfarrer betrieb, wie damals üblich, auch eine kleine Landwirtschaft. Im Jahr 1960, als das Gebäude für den neuen Pfarrer umgebaut werden sollte, waren Stallteil, Querdeele, Hille und weitere landwirtschaftliche Einrichtungen noch vorhanden. Heute ist das Haus ein Schmuckstück ehemaliger Baukultur des Dorfes.

Der klassizistische Kamin zeugt von damaliger hoher Wohnkultur.

Das renovierte Pfarrhaus mit dem alten Garten

Schulze Dernebockholt

Albersloh

Im 13. und 14. Jahrhundert werden ein Godefredus und ein Bernhard „de Dernebockholt" als Lehnsmänner des Bischofs von Münster erwähnt. Der Gräftenhof liegt in der Bauerschaft Rummler im Kirchspiel Albersloh. In der durch das Torhaus zugänglichen ringförmigen, großen Hofanlage stand ein 35m langes Haupthaus, das im Jahr 1900 abbrannte, und entsprechend der neuen Zeit nicht wieder aufgebaut wurde. Statt dessen baute man 1902 als Wohnhaus eine Jugendstilvilla und anstelle des Wirtschaftsteils des abgebrannten Gebäudes eine neue Hofscheune. Torhaus und Schafstall blieben erhalten. Das Torhaus – 1569/70 errichtet – wurde mit 100qm im Obergeschoss als Versammlungsraum für die Markgenossen der „Hohen Ward" genutzt. Hier vertrat der Schulze Dernebockholt als Vorsitzender und Hofrichter das Recht der Mark. Der Schafstall (1559/60) als ältestes Gebäude des heutigen Hofes ist in Bohlenbauweise mit acht Fächern (freitragend 10m x 18,60m) errichtet. Nur der hofseitige Giebel ist mit Backstein ausgefacht – auf einem ein Meter hohen Bruchsteinsockel. Heute bewirtschaftet die Familie Dernebockholt 155 Hektar landwirtschaftlicher Nutzfläche und 100 Hektar Wald mit Ackerbau, Schweinemast, Biogasanlage und Forstwirtschaft.

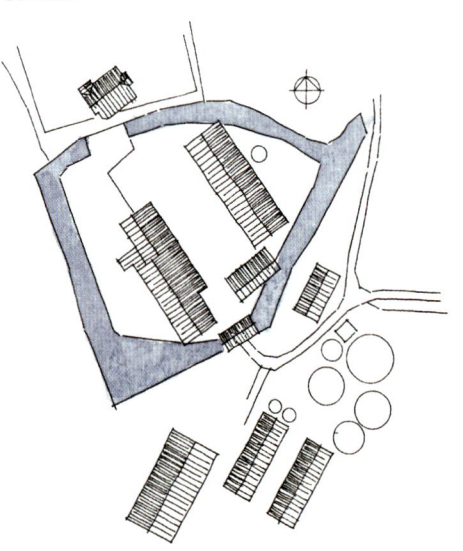

Eines der ältesten Nebengebäude des Münsterlandes ist dieser Schafstall aus der Mitte des 16. Jahrhunderts, vornehmlich mit Bohlen verkleidet.

Das zehn Jahre jüngere Torhaus war früher im Obergeschoss wichtiger Treffpunkt und Versammlungsraum der Markbauern.

Der Lageplan zeigt die große, im Laufe der Jahrhunderte entwickelte Hofanlage.

Nach dem Brand des Haupthauses wurde 1906 diese Jugendstilvilla gebaut.

Haus Sunger

Albersloh

Haus Sunger liegt am Fluggenbach und ist vermutlich der Stammsitz der Familie Sunger. Im bischöflichen Besitz befindlich wurden die ersten familiengeschichtlichen Daten um 1277 registriert. Im 15.Jahrhundert fiel der Hof an die Herren von Kerkerinck zur Borg. Zum Adelssitz umgestaltet, wurde der Hof daraufhin als ständiger münsterscher Landtagssitz eingerichtet. Ab der ersten Hälfte des 19. Jahrhunderts wurde der Besitz aufgeteilt und der größte Teil mit der Hofanlage ging an die Familie van Evert.

Das Haupthaus von 1819/20 und die seitlich liegende ältere Hofscheune

Hof Farwick-Hahues

Telgte

Das alte Hofgut Hahues reicht zurück ins 14. Jahrhundert. Der Hofname änderte sich nur unwesentlich. Die große Hofanlage hat noch heute mehrere historisch wertvolle Gebäude. Das Haupthaus in Fachwerk mit pfannengedecktem Satteldach stammt aus dem Jahr 1707. Der Hauptgiebel kragt über geschnitzten Knaggen vor. Die rechte Traufseite besteht noch in Fachwerk, die linke ist massiv gemauert. Dort schließt sich ein großer Fachwerkstall an, wohl aus dem Jahr 1904. Der Wohngiebel wurde in Massivbauweise 1899 erneuert. Der zweigeschossige Fachwerkspeicher aus dem Jahr 1573 hat auf der linken Traufseite eine Kübbung. Auch dieser Giebel kragt über Knaggen weit vor und hat im Obergeschoss eine Ladeluke. Die Hofanlage wird vervollständigt durch ein massives Backhaus von 1904, eine Fachwerkremise von 1904/28, eine Scheune mit großen Schiebetoren und teilweise Fachwerk sowie eine Hofkapelle. Diese steht auf quadratischem Grundriss und zeigt eine Mischung aus barocken und romanischen Formen. Sie wurde 1913 von den Eheleuten Farwick gebaut. Die geschweifte Dachhaube und der Dachreiter waren früher in Kupfer, heute sind sie in Schiefer gedeckt. Der ganze Hofplatz hat noch das alte Katzenkopfpflaster. Die Landwirtschaft ist Ende der 80er Jahre aufgegeben worden, bis auf die Bewirtschaftung von 45 Hektar Wald. 30 Hektar ehemals landwirtschaftlicher Fläche nutzt heute ein Golfclub.

Sprossenfenster und Stalltür im Giebel

Der alte Fachwerkspeicher von 1573 mit seitlichem Anbau (Kübbung)

Der Haupthausgiebel von 1707 über Knaggen vorkragend mit in Sienarot gestrichenen Ausfachungen

Die Hofkapelle – 1913 erbaut. Das alte Kupferdach wurde im Ersten Weltkrieg eingesetzt, „um den Krieg zu gewinnen" – später durch Schiefer ersetzt.

Die Details sprechen für sich – das Erbauungsdatum im Torbogen und die liebevoll gestaltete Knagge.

Schulte Raestrup

Telgte

Torhausdetail

Der alte Gräftenhof Schulte Raestrup (früher Diekhof) gehörte schon 1050 zum Kloster Freckenhorst. Im Dreißigjährigen Krieg hat dieser Hof arg unter Raub und Gewalt gelitten. 1860 übernahm die Familie Tyrell Hofanlage und landwirtschaftliche Flächen. Das Haupthaus stammt etwa von 1700, der Wohnteil von 1856. Ein Hofspeicher von 1727 wurde 1800 um 100 m versetzt und weiter als Getreidelager genutzt. Die Vierständerscheune entstand um 1650, das neuere Torhaus aus dem 19. Jahrhundert. Die ehemalige Wassermühle wird heute zum Wohnen genutzt – das Staurecht ist noch vorhanden. Der Hof betreibt heute Schweinemast auf 100 Hektar Ackerland, weitere 160 Hektar Wald werden forstwirtschaftlich genutzt.

Der Haupthausgiebel – im 19. Jahrhundert renoviert – und das große Speichergebäude mit Getreidelager, Mühle und Futterzentrale

Der Speichergiebel zeigt die vielseitige Nutzung des Gebäudes.

Die ehemalige Wassermühle – heute Wohnhaus

Seitenansicht des Haupthauses von 1700 und der Speicher

Torhaus und alte Vierständerscheune (ca. 1650) sind durch eine Remise verbunden.

Große Erdmann

Everswinkel

Der Hof blickt auf eine Entwicklung aus dem 14. Jahrhundert zurück. 1750 wurde das Haupthaus gebaut. Der Betrieb ist ausgelaufen, die Ackerflächen (90 Hektar) verpachtet. Die alten Wirtschaftsgebäude mit Brennerei wurden umgenutzt zu Lagerhallen, der Speicher ist seit 1995 zum Wohnen ausgebaut.

Das Haupthaus vom Garten aus gesehen – links im Hintergrund die ehemalige Brennerei, rechts der Speicher

Hof Höhmann

Mehringen/Everswinkel

Der 123 Morgen große Hof wird im 13. Jahrhundert unter dem Namen Hinrich ton Mere erwähnt – abgabepflichtig an das Domkapitel zu Münster. Später war der Hofname Linnemann genannt Tilkorn, dann als zweiter Hof aus gleichem Ursprung Lütke Mehrmann-Tilkorn. Das Haupthaus stammt aus dem Jahr 1784, das heutige Fachwerk wurde bei einer Renovierung davorgesetzt. Das Vierständerhaus dient heute als Stall. Der Speicher wurde 1874 gebaut und 1921 als Putzbau mit Mansarddach zum neuen Wohnhaus umgestaltet – zusätzlich zu der 1921 gebauten Villa als Putzbau mit Walmdach im Stil der neuen Zeit. Scheunen als weitere Hofgebäude stammen aus dem 19./20. Jahrhundert. Ein Bildstock an der Hofeinfahrt von 1849 steht unter Denkmalschutz.

Der Giebel des Haupthauses mit renoviertem Fachwerk. Rechts und links Stallscheunen, im Hintergrund das Wohnhaus

Die Villa im Stil der 20er Jahre – dahinter das diesem Stil angepasste Speichergebäude

Schulze Osthoff
Westbevern

Die heutige Anlage des Hofes Schulze Osthoff stammt im Wesentlichen aus der zweiten Hälfte des 19. Jahrhunderts. Das Haupthaus wurde, wie auch die an der Traufseite angebaute Scheune, im Jahr 1876 instandgesetzt – der damaligen Zeit entsprechend in Backstein (gelb mit roten Bändern unterteilt). Quer vor den Giebel des alten Haupthauses baute man das zweigeschossige Wohnhaus – ebenso typisch für die Jahrhundertwende. Abgesetzt in Richtung Hofeinfahrt steht ein ebenfalls in der Zeit gebautes Scheunengebäude – die Traufseiten in Fachwerk, die Giebelseiten in Massivbauweise, dem Stil des Haupthauses angepasst. Dieses wird heute als Maschinenhalle genutzt. Die Scheune an der Hofeinfahrt ist älter – ebenfalls in Fachwerkkonstruktion mit Querdurchfahrten. Ein Speicher von 1770 ergänzt die Hofanlage.

Unter den Traufen des Haupthauses befinden sich ehemalige Stalltüren mit Oberlicht. Darüberliegend rechts ältere Zwillingsfenster, links ein sandsteingewendetes Sprossenfenster.

Der Wohnteil des Haupthauses ist zweigeteilt: der ältere Teil ist traufständig und eingeschossig, das 1876 davorgebaute Wohnhaus ist zweigeschossig.

Die beiden Hofscheunen mit Satteldach und rotem Backstein in den Giebeln und Fachwerk an den Traufseiten

Große Lembeck

Westbevern

Der alte Hof, unter dem Namen Schulze Bisping, gehörte zum Bistum Münster und wurde erst 1880 freigekauft. Er wird in den Kirchenbüchern 1496 erstmals urkundlich erwähnt. Das Haupthaus brannte 1876 ab und wurde im gleichen Jahr wieder aufgebaut – mit hellen Steinen aus der Ziegelei am Kanal. Der Wirtschaftsgiebel zeigt die bauliche Aufteilung nach der Nutzung: im Obergeschoss der Kornboden mit Aufzug, darunter die Mühle und darunter der Keller für Wasserpumpe und Kartoffeln. Seitlich davon eingerichtet sind die Pferdeställe. Die Kühe und Rinder standen an der längs angeordneten Futterdeele, vorn vor Kopf lag die überdachte Miste. 1928 brannte das Gebäude nochmals ab und wurde ebenfalls sofort wieder aufgebaut. Im Winkel zum Haupthaus steht das Wohnhaus aus dem gleichen Baujahr.

Rechte Seite oben: Das Herdfeuer aus dem ersten Neubau 1876 – immer noch das Zentrum des Hauses

Das Mauerwerk in bewusst neuer Architektursprache

Der „pflügende Bauer" auf der Herdfeuerplatte

Rechte Seite unten: Die Gartenfassade des querliegenden Wohnhauses – auch hier eine neue Gestaltung

Der schon modernere Wirtschaftsgiebel aus dem Ende des 19. Jahrhunderts. Die Industriearchitektur setzt auch auf dem Lande schon ihre Zeichen.

KREIS WARENDORF

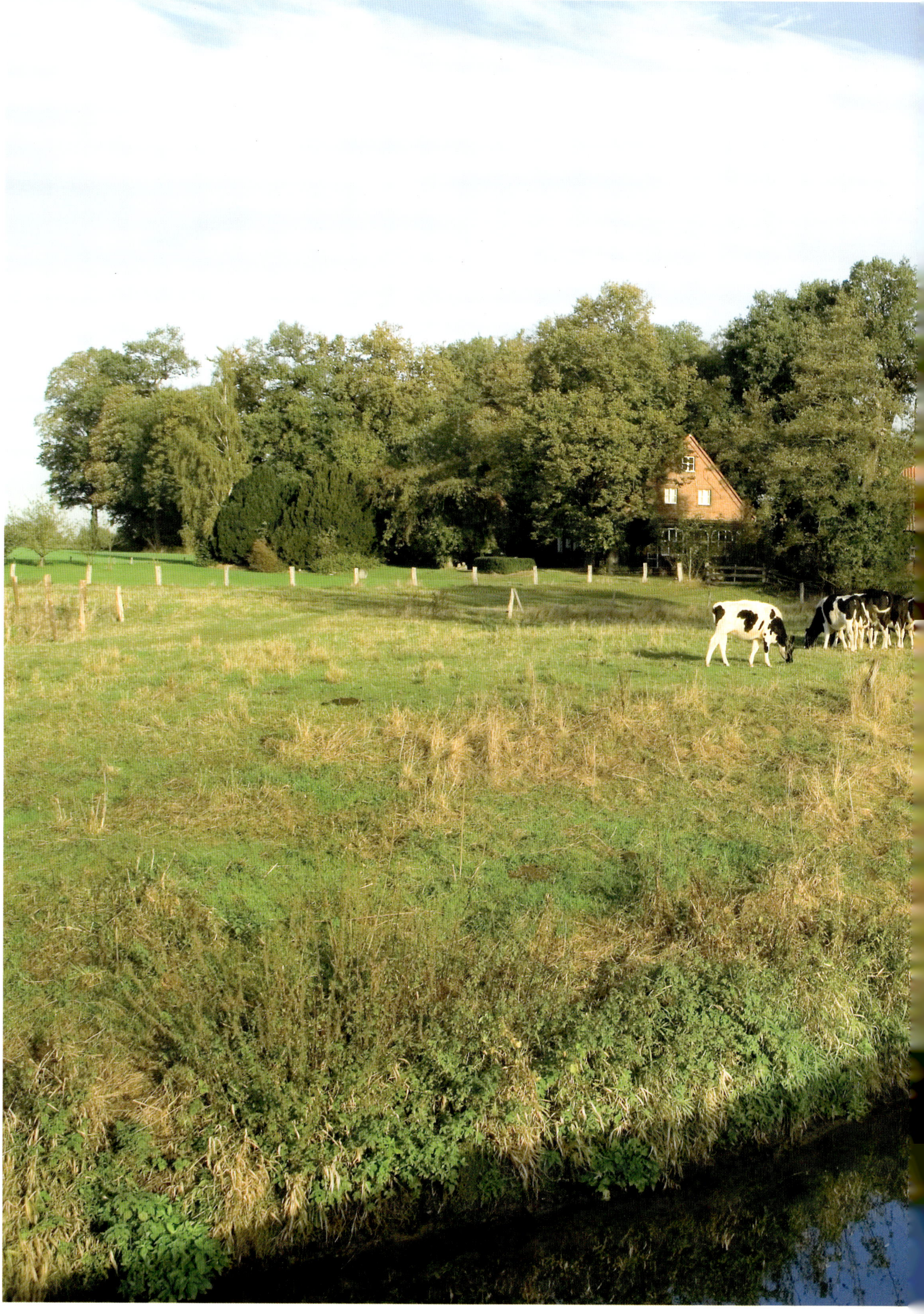

Die Auenlandschaft an der Bever in ihrer herbstlichen Schönheit

Wassermühle Haus Langen

Westbevern

Kurz vor der Mündung der Bever in die Ems liegt diese Wassermühle an einem Wehr inmitten einer Auenlandschaft, die mit ihren uralten Eichen zu den schönsten der Ems gehört. Diese Ölmühle wurde bis zum Ende des 19. Jahrhunderts betrieben, die gegenüber liegende Kornmühle dagegen bis 1958 (mit zwei Mahlgängen für Lohnaufträge).

Typisch für das Münsterland: die Doppelanlage einer Wassermühle für verschiedene Mahltechniken

Haus Ostdorsel

Milte

Auf diesem Hof finden wir drei bauhistorisch besonders interessante Gebäude: einen Speicher und zwei Hofscheunen. In ihrer Entstehung datieren alle drei aus der Zeit Ende des 18. / Anfang des 19. Jahrhunderts. Der Speicher ist zweigeschossig ausgeführt mit Anschleppung (Kübbung) auf der hofabgewandten Seite und trägt ein rotes Pfannendach. Mit großen Toren in der Abschleppung, Ladeluken im Obergeschoss und Sprossenfenstern an den Giebeln sowie Kaminresten, die auf einen ehemaligen Backofen schließen lassen, ist es ein interessantes zweihundertjähriges Gebäude. Das Haupthaus stammt in seiner Architektur aus dem Anfang des 20. Jahrhunderts. Die beiden viel älteren Hofscheunen mit pfannengedeckten Satteldächern runden das alte Hofbild ab.

Hofscheunen aus der Zeit um 1800 sind heute selten geworden. Hier gleich zwei oder sogar drei Exemplare auf einem Hof. Sie prägten früher wesentlich das Bild der Hauslandschaft.

Alter Speicher und neueres Haupthaus in herbstlicher Umgebung

Das Mühlengebäude mit unterschlächtigem Mühlrad sowie Wohn- und Wirtschaftsgebäude

Wassermühle Kloster Vinnenberg
Milte

Das Kloster Vinnenberg – an der Bever gelegen – wurde Mitte des 13. Jahrhunderts von Zisterzienserinnen gegründet. Es hatte eine wechselvolle Geschichte mit mehreren Bränden und Wiederaufbauten zwischen 1550 und dem 20. Jahrhundert. Das Torhaus und die Wassermühle stammen aus dem 18. Jahrhundert, auf einer westlich dem Kloster vorgelagerten Insel mit Wirtschaftshof gelegen.

Die Wassermühle des Klosters Vinnenberg, an der angestauten Bever gelegen

Schulze Hakenesch

Milte

Im Urstromtal der Bever liegt unterhalb vom Kloster Vinnenberg der Hof Schulze Hakenesch – der Name leitet sich ab von den Begriffen Hack und Esch. Die Abgabepflicht des seit dem Jahre 1200 in Familienbesitz befindlichen Hofes bestand gegenüber dem Kloster Rengering. Im Dreißigjährigen Krieg wurde der Hof überfallen – Soldaten raubten sämtliche Pferde. Das Haupthaus wurde 1717 gebaut, 1920 das quer davorgestellte Wohnhaus. Der Speicher stammt aus dem 17. Jahrhundert, der Viehstall erst von 1947, eine neuere Maschinenhalle von 1980. Der Betrieb bewirtschaftet heute auf 100 Hektar landwirtschaftlicher Nutzfläche (inklusive Wald) eine Schweinehaltung im geschlossenen System – mit Sauenhaltung und Mast.

Die seitliche Haustür wird als geteilte Tür für noch älter gehalten als das Haupthaus selbst.

Das Haupthaus stammt von 1717, der querliegende Wohnteil, wie bei vielen größeren Betrieben, aus den 20er Jahren des 20. Jahrhunderts.

Die Handschrift des Baumeisters im Torpfosten

Der Stallgiebel mit sternförmigen Lüftungsöffnungen

Schulze Vohren

Vohren bei Warendorf

Die erste urkundliche Erwähnung als freier Hof Schulte tho Vooren stammt aus dem Jahr 859. Später wurde der Hof Adeligen-Lehnshof, 1225 als Schulze Vohren mit acht anderen Höfen dem Kloster Marienfeld geschenkt. Zweimal im Jahr hielt hier der Abt von Marienfeld die sogenannte Gerichtssprache. Später waren die Hofnachfolger Schulze Vohren Schöffen bei Gerichtsverhandlungen für den Grafen von Korf. Seit 31 Generationen befindet sich der Hof in Familienbesitz. Das Haupthaus stammt aus dem Jahr 1775, ein älterer Schafstall schon aus dem 16. Jahrhundert, der Speicher von 1840 (in dem Mitte des 19. Jahrhunderts die Vohrener Schule untergebracht war). Weiter gehörten zum Betrieb eine Mühle und drei Kotten. Ein Speicher aus dem 15. Jahrhundert als ältestes Gebäude des Hofes wurde am Karsamstag 1945 durch eine Brandbombe zerstört. Der heutige Betrieb ist 110 Hektar (15 Hektar Wald) groß – die Flächen sind verpachtet.

Der Schlussstein aus dem Torbogen einer Scheune zeigt das Jahr 1896.

Das Haupthaus – hier der Wohnteil mit Gartenanlage

Das große Einfahrtstor im Backsteingiebel vor dem Haupthaus – 1859 renoviert

Rechts in direkter Verbindung zum Wohnhaus des Hofes Schulze Vohren befindet sich der Vorratsspeicher von 1840.

Herdhaal überm Feuer, früher am Wendebaum

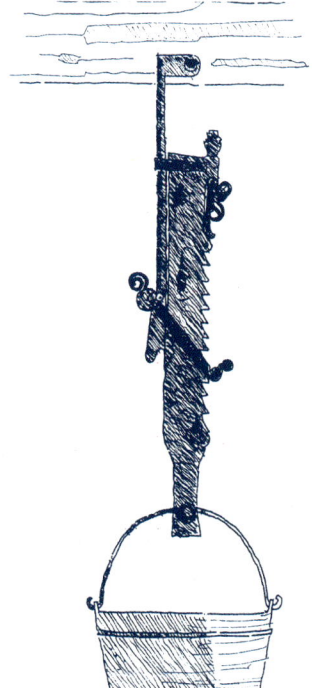

Rechts oben: Eine Flettküche aus dem Raum Warendorf

Rechts unten: Diese alte Deele aus dem benachbarten Raum Bielefeld soll als Beispiel für den Hauptraum aller westfälischen Hallenhäuser gelten.

Schulze Zurmussen
Müssingen

Der Hof ist seit dem 10. Jahrhundert im Familienbesitz. Das Haupthaus stammt aus dem 18. Jahrhundert. 1931 brannte der ehemalige Gräftenhof ab – die Hälfte der alten Hofgebäude wurde wieder aufgebaut. 1963 ist die gesamte Anlage zu einem Ponyhof als Ferienbetrieb umgestaltet worden. In den Hauptställen stehen heute in Laufstallhaltung 85 Ponys und Kleinpferde aus eigener Zucht. Der Wohnteil des Haupthauses sowie der Kornspeicher, die ehemalige Brennerei und das Backhaus sind zum Kinderhotel umgebaut worden. Dieser Reiterhof gilt heute als Reitschule FN, der Reitunterricht ermöglicht die Ausbildung zu verschiedenen Stadien der Reiterprüfungen (Reitabzeichen, Reiterpass etc.). Zu diesem neuen Betriebszweig wurde ebenfalls eine Reithalle gebaut. Die heutige Betriebsfläche beträgt 100 Hektar – für den Reitbetrieb Wiesen, Felder, Reitwege und Außenanlagen –, der andere Teil der Flächen ist verpachtet.

Auch der Speicher aus dem 19. Jahrhundert dient heute zur Unterbringung der jungen Reitschüler

Das Wohnhaus aus dem Anfang des 20. Jahrhunderts, dahinter das alte Backhaus

Hof Stauvermann
Hoetmar

Der alte Hofname ist Baumhöfer – ab 1908 gilt der Name Stauvermann. 1914 wurde die Hofanlage neu errichtet, brannte aber 1945 ganz ab. Ab 1948 wurde wieder aufgebaut. An den alten Kuhstall im Haupthaus war schon 1914 rechtwinklig eine Stallscheune angebaut worden – heute werden in den alten Gebäuden Sauen gehalten. Weitere große Gebäude umstehen den Hof, Scheunen und Wagenremisen werden heute für die Kornlagerung eingesetzt. Auch in der ehemaligen Viehscheune sind heute Sauen und Mastschweine untergebracht. Das kleine Eckgebäude mit Mansarddach und Türmchen ist heute Hofwerkstatt.

Der im Jahr 2004 renovierte Haupthausgiebel. Links im Hintergrund ein kleines ehemaliges Bienenhaus, das früher im Garten stand.

Die gesamte Hofanlage von der Zufahrt aus

Haus Diek

Westkirchen

Diese münsterländische Herrenhausanlage war seit Anfang des 14. Jahrhunderts Freckenhorster Burglehen. Nach wechselvoller Familiengeschichte gelangte es 1735 an die Familie von Hanxleben, die 1771 dieses schlichte, zweigeschossige und verputzte Herrenhaus nach französischem Vorbild im Norden der Gräfteninsel erbaute. Der Architekt war vermutlich ein Schüler von Schlaun. Torhaus von 1615 und Remisen standen schon hier, ebenso das alte Herrenhaus in Fachwerk und die Jägerei. Am Westrand des großen Gartens steht heute noch ein Gartenhaus in Fachwerk aus dem 18. Jahrhundert.

Im Hintergrund das Herrenhaus Diek – 1771 nach französischem Vorbild erbaut – davor im Winkel Remisengebäude

Das alte Gartenhaus – zweigeschossig in Fachwerk mit Walmdach – aus dem 18. Jahrhundert

Windmühle

Westkirchen

Zur Gräftenhofanlage Haus Diek gehörte bis zum Jahr 1750 eine kleine Wassermühle, angetrieben durch das Wasser des Dorfbaches, der zum Zweck der Unabhängigkeit vom Wasserstand angestaut wurde. Da sie baufällig geworden war, riss man sie ab, und so mussten die Bauern in Ostenfelde oder in Warendorf mahlen lassen. Zu Beginn des 19. Jahrhunderts ließ man daher von holländischen Fachleuten eine sogenannte Galerie-Windmühle bauen, die 1810 in Betrieb genommen wurde. Bis in die 70er Jahre des 20. Jahrhunderts wurde sie – zuletzt mit einem elektrischen Mahlwerk – betrieben. Heute ist das vom Heimatverein restaurierte technische Denkmal zur Begegnungsstätte mit Museum ein Wahrzeichen von Westkirchen.

Haus Vornholz

Ostenfelde

Diese herrschaftliche Hofanlage befand sich im Besitz der 1172 erstmals urkundlich erwähnten Ritter von Ostenfelde. Um 1300 baut Hinricus dictus Vinke de Ostenfelde die Burg Vornholte = vor dem Holze = Vornholz. Nach mehrfachem Besitzerwechsel kam Haus Vornholz in den Besitz der Familie von Nagel, heute von Nagel-Doornick. Auf den Grundmauern der abgebrannten Burg wurde 1666 der Neubau angelegt, ein dreiflügeliges Herrenhaus mit Vorburg und langgestreckten Wirtschaftsgebäuden – ebenfalls aus dem 17. Jahrhundert. Die alte Rentei als einstöckiger Ziegelbau stammt aus dem 18. Jahrhundert.

Das langgestreckte Ökonomiegebäude an der Gräfte aus dem 17. Jahrhundert

Die Stallgebäude wurden im wesentlichen für die Pferdezucht genutzt.

Hof Overesch

Ennigerloh-Hoest

Zum Benediktinerkloster Essen gehörte unter anderem der Hof Ecgerdynkhof in Hoest. Der Name hatte die Entwicklungsstufen Ecgerdynk, Eggering und Eyringhof. Der Schulte Eyringhof zog für das Kloster die Abgaben ein und vertrat die örtliche Gerichtsbarkeit. Der Dreißigjährige Krieg ließ den Hof weitgehend verarmen – das Vieh wurde vor den Schweden versteckt gehalten. Drei Kötterhöfe gehörten zum Hof, alle 1575 gegründet. 1684 verkaufte das hochgräfliche Capitel Essen auch diesen Hof an das Jesuitenkloster Geist. Ab 1834 taucht durch Einheirat der Familienname Overesch auf, 1869 bis 1919 war Theodor Overesch Bürgermeister von Ennigerloh. Das Haupthaus stammt von 1812, 1890 wurde der Giebel erneuert. Fundamente deuten auf mehrere Haupthäuser als Vorgänger hin. 1815 wurde der Hof abgabenfrei. Heute gehören zum Hof 120 Hektar landwirtschaftliche Nutzfläche – 50 Hektar Wald werden noch vom Bauern bewirtschaftet, 70 Hektar Ackerland sind verpachtet.

Oben links: Der Löwe symbolisert Kampfbereitschaft und Freiheit, die darunterliegende Inschrift mit dem springenden Hirsch trägt die Namen der Erbauer.

Links: Das Haupthaus stammt aus dem Jahr 1812 und erhielt 1890 einen neuen, massiven Giebel. Der im rechten Winkel liegende Anbau stammt von 1885.

Hof Schick

Walstedde

Dieser Hof in Ortsmitte stammt aus der Zeit des Dreißigjährigen Krieges und wurde 1850 nach Brand wieder aufgebaut. Der Schweinestall stammt aus dem Jahr 1900 und ist inzwischen zum Wohnen umgenutzt worden. Andere Scheunen wurden im 19. Jahrhundert abgerissen und später zum Teil wieder aufgebaut. Sie werden heute, wie auch das Haupthaus, zum Wohnen genutzt.

Hof Markenbeck

Dolberg

Der ehemalige Hof Schulte Westhoff wird im Zusammenhang mit einem Ritter Gerwin von Rinkerode im 14. Jahrhundert erstmals erwähnt. Er war abgabepflichtig an das Kloster Kentrup, als Lehnshof mit eingetragenem Erbrecht als Sadelsrecht. 1788 brannte der Hof ab und wurde von Elbertus Ruhmann 1791 wieder aufgebaut – das Haupthaus zeigt die Jahreszahl. Der ältere Schafstall von 1738 steht im vorderen Bereich der Hofanlage, die Speicher stammen wohl auch aus dieser Zeit. Der Schweinestall war vorher Schmiede (20er Jahre), die Wagenremise stammt von ca. 1850. Heute werden im Nebenerwerb auf der Grundlage von 18 Hektar landwirtschaftlicher Nutzfläche Bullen gemästet.

Die Inschrift am Deelentor – sie erzählt vom Wiederaufbau 1791.

Das nach Brand 1788 wieder aufgebaute Haupthaus mit Speicher und Schweinestall aus den 20er Jahren des 20. Jahrhunderts

Der noch ältere Schafstall – durch spätere Anbauten verändert

KREIS WARENDORF

Hof Meier Westhoff

Neubeckum

Als Sattelmeierhof Meyer-Osthagemann war dieser vermutlich aus dem 13. Jahrhundert stammende Hof dem Kloster Marienfeld abgabepflichtig. 1720 kaufte der Fürst von Merfeldt diesen Hof, der sich dann 1823 freikaufen konnte. Das Haupthaus wurde 1701 nach Brand wieder aufgebaut, ebenso das Backhaus. Das Wohnhaus setzte man 1901 quer vor das alte Gebäude. Eine offene Wagenremise kam 1902 dazu. Im Jahr 1941 traf eine Brandbombe die Hofanlage und zerstörte Nebengebäude wie Scheune und Schafställe. Die Wagenremise wurde nach 1945 zu Pferdeställen umgebaut. Heute floriert hier ein Reiterhof mit Stallanlagen (umgebaute Remise) und Gastronomie (Backhaus). Die landwirtschaftlichen Flächen sind – bis auf die Auslaufflächen für die Pferde – verpachtet.

Das alte Haupthaus mit später quer davor gebautem Wohnteil

Die ehemalige Wagenremise wurde nach dem Kriege in eine Pferdestallanlage umgebaut – im ostpreußischen Stil.

Das ehemalige Backhaus – heute Hofgastronomie

Hof Schulze Pellengahr

Beckum

Die Vorgeschichte des 500 Jahre im Familienbesitz befindlichen Hofes ist nicht bekannt. Die erste Namenserwähnung lautet Schulte tom Gahr – leider ohne Datum. Um 1400 erwerben Lubbert und Hinrik tom Capellengore das Bürgerrecht und haben damit zur Namensentwicklung beigetragen. Die Jahre 1519 und 1540 werden als erste Daten für die Familie Schulte Pellengahr – heute Schulze Pellengahr – genannt. Der Fürstbischof von Münster war Grundherr, die Verwaltung oblag dem Amtshaus Wolbeck, die Hofkammer in Münster fungierte als Zentralbehörde. Hier waren somit die Abgaben der umliegenden fürstbischöflichen Höfe und Kotten abzuliefern, wozu eine Zehntscheune erforderlich wurde (1591 als „Tegethoff" – Zehnthof – bezeichnet). Damit hatte dieser Hof in Beckum und Umgebung den Vorrang. Zusätzlich hatte der Hof eine Kapelle (erwähnt schon 1523), gebaut wohl schon um 1400. Sie wurde 1682 durch einen Neubau ersetzt. 1831 wurde der Hof durch die preußische Regierung von den fürstbischöflichen Verpflichtungen befreit. 1873 zerstörte ein Großbrand weite Teile der Anlage – leider auch die alten Hofdokumente. Der heutige Betrieb umfasst ca. 200 Hektar landwirtschaftliche Nutzfläche inklusive Wald. Die landwirtschaftlichen Flächen waren 2006 verpachtet.

Ein Holzschnitt des 1874 nach dem Brand des Hofes errichteten Wohnhauses

Die klassizistische Architektur der Hofvilla

Hof Linnenbrink

Beckum

Die früher Hiddinghof genannte Anlage gehörte als Amtshof zum Domkapitel Münster (man findet als erstes Datum das Jahr 1318 in den Urkunden). Ab 1784 im Besitz der Familie Linnenbrink, brannte der Hof 1810 ab und wurde 1811–13 wieder aufgebaut. Der Speicher stammt aus dem Jahr 1592 als viergeschossiger Flucht- und Kornspeicher. Er wurde 1988 restauriert und unter Denkmalschutz gestellt, ebenfalls ein Fachwerkstall von 1794. Der Bildstock steht schon seit der ersten Hälfte des 18. Jahrhunderts an dem über diese Hofanlage verlaufenden Kirchweg vom Hof Schulze Pellengahr zur Beckumer Kirche. Das Wappen der Familie Hidding und der Name des Klosters Marienfeld deuten auf die Ursprünge hin.

Die Giebelkonstruktion zeigt eine zweifache Giebelauskragung über Knaggen. In den Ausfachungen sieht man Reste von Ziermauerwerk.

Der berühmte Speicher von 1592 – im Vordergrund der Bildstock

Haus Geist

Oelde

Von der im Stil der „Lippe-Renaissance" 1560–1568 erbauten Wasserburg steht heute nur noch auf der Vorburg der Ostflügel der Wirtschaftsbauten – aus Backstein mit Renaissance-Elementen aus Sandstein.

Das Torhaus zur Hauptanlage. Die Pfeiler tragen Hermenaufsätze.

Detail der Backsteinwände mit Sandsteinspolien

Das große Renaissance-Speichergebäude sucht in seiner Backsteingestaltung seinesgleichen.

Das Vierständerhaus stammt vermutlich aus dem Ende des 18., Anfang des 19. Jahrhunderts. Heute wird es für verschiedene Aufgaben neu genutzt.

Hof Teupe-Backmann

Lette

Der alte Hof Backmann steht 1028 erstmals in den Urkunden und war zugehörig dem Fürsten von Bentheim. Der Name Teupe taucht 1911 auf. Die Hofgebäude – über die Jahrhunderte nach und nach verändert – wurden ab dem 15. Jahrhundert begleitet von den Hofeichen, von denen heute noch einige stehen. Langsam verfallen, wurden 1921 die Hofställe mit Haupt- und Nebengebäuden weitgehend restauriert. Vor 20 Jahren wurde die Landwirtschaft aufgegeben und die Flächen wurden verpachtet. Heute werden die Gebäude extensiv genutzt – für Pferdehaltung und Wohnzwecke.

Hof Günnewig

Lette

Unter dem Namen „In der Günneweg en Hufe" wurde dieser Hof im Jahr 1134 urkundlich erstmals erwähnt. Er war mit zwei anderen Höfen als Heidplatz bezeichnet – dem Kloster Clarholz und der Pfarrkirche zu Lette abgabenpflichtig. Bis auf eine Generation befand er sich ununterbrochen in Familienbesitz. 1904 wurde das heutige Wohnhaus gebaut, 1906 die dazugehörigen Wirtschaftsgebäude – auf den Grundmauern des verfallenen Althofes. Heute bewirtschaftet der Bauer im Nebenerwerb eine Milchviehhaltung auf 70 Hektar Nutzfläche. 8 Hektar Wald vervollständigen die Betriebsfläche.

Das 1904 erbaute Wohnhaus des Betriebes als quer vor das ursprüngliche Haupthaus gestelltes Gebäude

Hof Schulze-Gaupel

in Gaupel bei Coesfeld

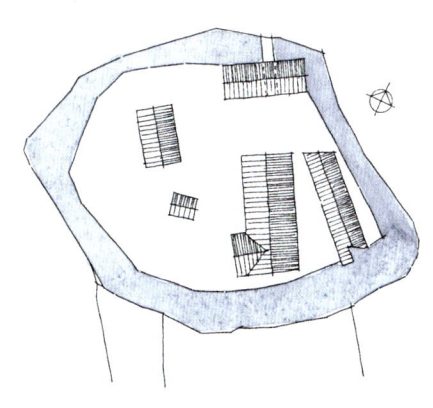

Der Haupthof Gaupel (früher Gopele, Goplo) wurde um 1022 urkundlich erstmals erwähnt und lag damals mit anderen großen Höfen am Nordrand des Dorfes Coesfeld. An einer breiten Heerstraße gelegen, gehörte der Hof später zu den bischöflichen Tafelgütern, die - wie im ganzen Münsterland – mit ihren Abgaben den fürstbischöflichen Haushalt in Münster bestritten. Auch der Schultenhof Gaupel hatte eine wechselvolle Geschichte – er wurde von verschiedenen Familien bewirtschaftet. Im 14. Jahrhundert als Wehrburg gegen die Friesen verstärkt, zeigt die heutige Anlage noch Reste von Befestigungen wie den Verlauf der drei ehemaligen Wasserringe und den gut erhaltenen Wehrspeicher aus dem 16. Jahrhundert. Diese Festen – Back- oder Sandsteinspeicher – auf den Schultenhöfen dienten, wie auch hier, als Fliehspeicher und waren als Wohnspeicher ausgebaut. Dieser Speicher hat vier Geschosse mit unterschiedlichen Höhen, war mit Schießscharten in den dicken Mauern, vergitterten Öffnungen und starken Türkonstruktionen abgesichert. 1573 brannte der Hof mit seinen Wirtschaftsgebäuden ab, der Wiederaufbau erfolgte schon im gleichen Jahr. Mitte des 19. Jahrhunderts wurden die Wohn- und Wirtschaftsgebäude (Haupthaus 1850) vom neuen Besitzer (Franz-Josef Woestmann) vollständig erneuert sowie ein Stauwerk angelegt, um das Wasser aus der Berkel für die Berieselung von landwirtschaftlichen Flächen zu nutzen. Das Torhaus stammt von 1879. In den Jahren nach 1976 gab die Familie die Bewirtschaftung des Hofes auf und verpachtete die Flächen. Nach verheerendem Brand im Sommer 1994 wurde das Haupthaus (Wohnteil) wieder restauriert.

Lageplan – von oben nach unten: ehemaliges Spritzenhäuschen, Waldscheune und innerhalb der Gräfte: Torhaus, Scheune (inzwischen abgerissen), Speicher, Haupthaus und Brauhaus

Speicher, Haupthaus und Torhaus mit ihrer wuchtigen architektonischen Aussage als früherer Haupthof der Bauerschaft

Rechts oben: Torhaus aus dem 19. Jahrhundert – das Schmuckstück des heutigen Gebäudebestands

Rechts unten: Wehrspeicher – ursprünglich aus dem 14. Jahrhundert – mit mehrfachen Veränderungen im Laufe der Jahrhunderte

KREIS COESFELD

Schulte Homoet gt. Gut Möltgen

Aulendorf

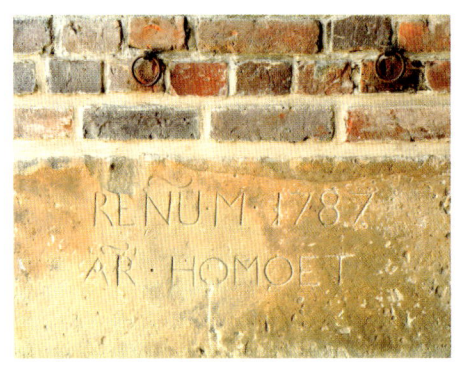

Der Schultenhof Homoet in der Bauerschaft Aulendorf glänzt noch heute mit einem erhaltenen Wehrspieker des Mittelalters, der in das alte Gräftensystem integriert ist. Er ist erst vor einigen Jahren technisch gesichert und mit einem neuen Dach versehen worden. Das Erbe zählte einst zu den größten im Münsterland und zeichnete sich vor allem durch seinen enormen Waldreichtum aus. Sein Grundherr, bis in die Neuzeit der Fürst von Bentheim-Steinfurt, schätzte den Besitz wegen der guten Jagdmöglichkeiten. Deswegen zählte es zu den Diensten des Schulten, zweimal im Jahr Jäger zu beherbergen und zu verköstigen und außerdem ständig einen Jagdhund zu halten, zu pflegen und auf eigene Kosten zu füttern. Das Haupthaus wurde zu Beginn des 20. Jahrhunderts durch einen stattlichen, bürgerlicher Wohnkultur entsprechenden Neubau unter hohem Mansarddach ersetzt, der jedoch im Laufe der Jahrzehnte nie richtig fertiggestellt und auch nur teilweise bewohnt wurde. Nach mehrfachem Besitzerwechsel stand das große Haus viele Jahre leer, selbst der Jahrhunderte alte Hofname ging unter. Erst in den 1990er Jahren wurde das dann sog. Gut Möltgen durch engagierte Neubesitzer behutsam renoviert und angemessen neu eingerichtet. Die alten Hofanlagen und der Garten sind wieder aufgeblüht.

Der Inschriftenstein im alten Torhaus erinnert an die ursprüngliche Besitzerfamilie des Hauses Homoet.

Schulte Homoet gt. Gut Möltgen, heute Familie Langner

Kaminzimmer und Bibliothek sind heute das Zentrum des Hauses.

Die alte Küche des Hauses wurde liebevoll im Landhaus-Stil eingerichtet.

Zeichnung vom Treppenaufgang am Speicher

Der mittelalterliche Wehrspieker inmitten eines Teils der alten Gräftenanlagen.

Ahmann auf der Beerlage

Beerlage

Ahmann auf der Beerlage liegt an strategisch wichtiger und günstiger Stelle am alten „Horstmarer Landweg", der Verbindung aus der Hauptstadt Münster nach Horstmar, das in fürstbischöflicher Zeit ein wichtiges Verwaltungszentrum war. Die Straße wurde hier mit einer recht steilen Brücke über die Steinfurter Aa geführt, von der der Hof seinen Namen bekommen hat. Das historische Brücken-Bauwerk musste zwar erneuert werden, hat aber die alten Formen und das Wappen der Fürstbischöfe von Münster übernommen. Nahe diesem Flussübergang liegt der Hof, der kurz vor dem Ersten Weltkrieg vollständig erneuert wurde. Der Wohnteil der imposanten und auf die Straße bezogenen Anlage ist dem Wirtschaftsteil quer vorangestellt. Die Wände aus Bruchsteinen sind großzügig durchfenstert. Zwei weitere Wirtschaftsgebäude lehnen sich mit etwas niedrigeren Giebeln an das Haupthaus an, so dass ein breiter, behäbiger Gesamteindruck entsteht.

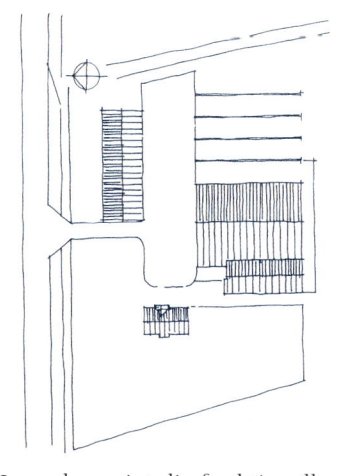

Der Lageplan zeigt die funktionelle, klare Aufteilung der Arbeitsbereiche

Aussiedlung Leivermann

Osterwick

Der gesamte Betrieb Leivermann wurde 1996/97 aus Legden ausgesiedelt. Der alte Hof lief als Gemischtbetrieb (Milchvieh, Bullenmast, Sauenhaltung, Ferkelaufzucht und Mast) in enger Dorflage. Das Arbeiten vor allem mit großen Maschinen wurde immer schwieriger. Da kam der Familie Leivermann die Planung der Gemeinde entgegen, eine Fläche für die Wohnbauplanung des Ortes freizumachen. Am neuen Standort bewirtschaftet der Betrieb eine Milchproduktion mit 95 Kühen und weiblicher Nachzucht auf 48 Hektar. An den Hauptstall (Liegeboxen-Laufstall) wurde im Jahr 2003 ein zweiter Offenlaufstall angebaut (als Abkalbe- und Krankenstall) für die sogenannten „Transitkühe".

Der Hauptstall als Liegeboxen-Laufstall mit offenen Seiten für 95 Milchkühe

Die Aussiedlung von 1996/97 wurde geschickt an einen landschaftlich günstigen Standort gesetzt. Altes Großgrün und neue Eingrünungen haben die Anlage harmonisch in die Landschaft eingebunden.

Schulze Bremer
Hennewich

Der heutige Hof Schulze Bremer in der Bauerschaft Hennewich bei Darfeld erhielt seinen Namen durch Einheirat eines Zweiges der Familie aus Senden. Hier musste der seit dem Mittelalter bestehende Betrieb in der Nähe des Dorfes im Zuge der Baulandausweisung aufgegeben werden. Die heutige Hofanlage bei Darfeld verfügt noch über einen Teil der Gräfte. Das Haupthaus aus dem 19. Jahrhundert, ein stattlicher, zweigeschossiger Ziegelbau, ist in seinen Fronten durch Gesimse aus Formklinkern und auf Eck gestellte Steine gegliedert. Für die Fensterlaibungen und Ecken wurde Sandstein verwendet. Der proportionierte Speicher in Fachwerk mit seinem auf Knaggen etwas auskragenden Obergeschoss, wurde renoviert und zu Wohnzwecken hergerichtet.

Das stattliche Haupthaus harmoniert erfreulich mit dem deutlich älteren Fachwerkspieker.

Eine harmonische Gruppe aus Remise, Speicher und rückwärtigem Haupthaus

Schulze Esking

Beerlage

Der alte Haupthof der Beerlage war früher dem Stift St. Mauritz in Münster hörig. Er wird bereits in den Heberegistern des Propstes Alexander zwischen 1297 und 1312 genannt. Über den Schulze Esking wurden zahlreiche grundherrliche Aufgaben und auch Pflichten und Probleme der Bauerschaft Beerlage abgewickelt, weshalb hier eine besonders reichhaltige Tradition aus Friedens- und Kriegszeiten vorliegt. Fouragelieferungen, die Bereitstellung von Männern und Pferden und schlimme Kriegsfolgen finden sich gerade in den Akten dieses Hofes. 1833 wurden die gutsherrlichen Gefälle mit 121 Thalern jährlich verrentet und gegen die achtzehnfache Summe von 2178 Thalern 1850 endgültig abgelöst. Hier wie auf vielen Höfen des Münsterlandes war diese Ablösung als Endpunkt der „Bauernbefreiung" oft das Startsignal für aktiveres wirtschaftliches Handeln. 1869 baut Schulze Esking sein neues Wohnhaus, dessen Entstehen offensichtlich durch nahegelegene Ziegeleien begünstigt wird. Aber auch die Steinhauer auf dem nahen Baumberg wirken mit. So entsteht mit dem großzügigen Haupthaus und dem Speicher eine der eindrucksvollsten Hofanlagen der Umgebung. Die Lage an der Straße unterstreicht mit dem gepflegten Grünrahmen die Position dieser alten bäuerlichen Siedlung. Erst jüngst wurde das Hofensemble um einen proportionierten Neubau erweitert, der geschickt die vorgegebene Klinkerbauweise des 19. Jahrhunderts mit Zierklinkern und Werkstücken wieder aufgegriffen hat.

Blick auf den Hofplatz Schulze Esking mit dem Wirtschaftsteil des Haupthauses

Im Erdgeschoss des Speichers, hier die Eingangsseite, tritt der Sandstein zur Fassung von Tür und Fenstern hinzu.

Fachwerk und Klinker gehen am Speicher eine harmonische Verbindung ein.

Der große, aber proportionierte Speicher dient heute Wohnzwecken.

Detail vom Giebel des Haupthauses Schulze Esking: Niendüör, Stalltüren und Hillen-Fenster bieten ein lebhaftes Bild. Der Architekt hat mit Lisenen und Gesimsen gearbeitet, die die Klinkerflächen ordnen.

Haus Runde

Beerlage

Haus Runde auf der Beerlage war im Mittelalter ein Lehngut des Stiftes St. Mauritz in Münster und wurde nach seiner früheren Besitzerfamilie Berteling genannt. Ende des 17. Jahrhunderts gelangt das Gut durch Heirat an die Familie Runde, deren Name dem Haus erhalten blieb. In der zweiten Hälfte des 18. Jahrhunderts kam der Besitz auf demselben Wege an die Familie von Olfers, die in Münster im öffentlichen Leben mit Verwaltungsleuten, Kaufleuten und Bankiers vielfach vertreten war. Erst im 20. Jahrhundert übernahm die Familie die Eigenbewirtschaftung des Hofes, der trotz seines Namens, seiner Größe und Gestalt nicht unter die münsterländischen Adelshäuser gezählt wird. Haus Runde ist heute für seinen Obstanbau bekannt: Erdbeeren, Äpfel und Kirschen aus seiner Produktion sind in der Region bekannt und geschätzt. Zum Hof, der von großzügigen Gräften umgeben wird, gehören neben dem Wohnhaus noch ein Brauhaus, Scheunen, Speicher, eine Wagenremise und weitere Einrichtungen. Erfreulich ist der Wechsel der Materialien. Klinker, Fachwerk und Werkstein zeigen den Verlauf der Baugeschichte und bieten ein buntes Bild.

St. Liudger, der erste Bischof von Münster, starb 809 im nahen Billerbeck. Das altertümlich wirkende Relief stammt jedoch erst aus dem Jahre 1905 und ist im Mauerwerksverbund über einem Kellereingang angebracht.

Spieker und Wohnhaus von Haus Runde auf der Beerlage

Der gepflegte Garten

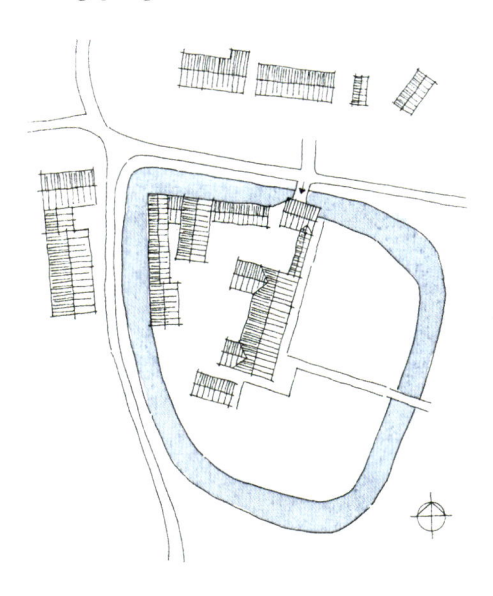

Haus Runde glänzt bis heute mit einer großen Gräftenanlage.

Ein Blick auf den Hof

KREIS COESFELD 129

Schulze Temming

Beerlage

Schulze Temmings Wohnhaus auf der Beerlage ist auf den ersten Blick wohl eher als Stadtvilla einzuordnen denn als Bestandteil eines großen, aktiven Bauernhofes.

Schulze Temming auf der Beerlage, in den Urkunden Drenhoven genannt, war früher wie der Schulze Esking auch dem Stift St. Mauritz in Münster hörig. Er wird wie jener bereits in den Heberegistern des Propstes Alexander zwischen 1297 und 1312 genannt. Nach der Säkularisation des Stiftes fielen auch hier die grundherrlichen Gefälle an das Königreich Preußen, das die bäuerlichen Abgaben und Dienste 1834 verrentete und 1851 ablösen ließ. Um die Wende zum 20. Jahrhundert wurde der Hof um einen Wohnteil erweitert, der deutliche Züge einer städtischen Villa trägt und so durchaus in einzelnen Stadtteilen der alten Landeshauptstadt vorstellbar ist. Der reich durchfensterte, zweigeschossige Backsteinbau mit breiter Verwendung von Werkstein verfügt an der sechsachsigen Gartenseite über einen risalitartigen Vorbau, über Balkone und ein aufwändiges Entreé, das den Neubau und den Wirtschaftsteil miteinander verbindet. Dieser Bau mit neobarocken Zügen, der an eine großzügige Grünfläche grenzt und von Bäumen gerahmt wird, vermittelt das Bild eines Landsitzes, wie er auch von Familien des Stadtadels und gehobenen Bürgertums Münsters wiederholt errichtet und unterhalten wurde. Ein Nebengebäude ist entsprechend mit Uhrenturm und Glocke ausgestattet. Somit ist die Neuanlage ein Zeugnis für das Selbstbewusstsein und die wirtschaftlichen Möglichkeiten der ländlichen Bauherren in ihrer Zeit.

Schulze Schleithoff

Havixbeck

Die alte Hofanlage liegt an den Baumbergen und wurde im 12. Jahrhundert erstmals urkundlich erwähnt. Anfang des 20. Jahrhunderts riss man den Wohnteil des Haupthauses ab und baute eine zu dieser Zeit auf großen münsterländischen Höfen beliebte 2 ½ geschossige Villa an die erhaltene Herdfeuerdiele an. Der gesamte Gutshof wurde zum Reiterhof umgenutzt: 1964 begann der Bauer mit einem Ferienbauernhof mit sechs Betten, 1975 startete man das Ponyhofprogramm. Zum Betrieb gehören heute 95 Hektar Nutzfläche (davon 18 Hektar Wald und 10 Hektar Reitanlagen und Hofflächen). 60 bis 80 Pferde dienen sowohl dem Ferienreiterhof als auch der Ausbildung für Pferdezucht und Pferdehaltung. Zwei Reithallen und zwei Reitplätze ergänzen das Schulungsangebot, bei dem der Reiterpass und das Reiterabzeichen erworben werden können. 50 Kinder im Alter von 7–14 Jahren können einzeln oder auch als Schulklassen (1.–4. Schuljahr) hier ihre Reiterferien erleben.

Die „neue" Villa vom Anfang des 20. Jahrhunderts prägt heute das Erscheinungsbild dieser alten Hofanlage.

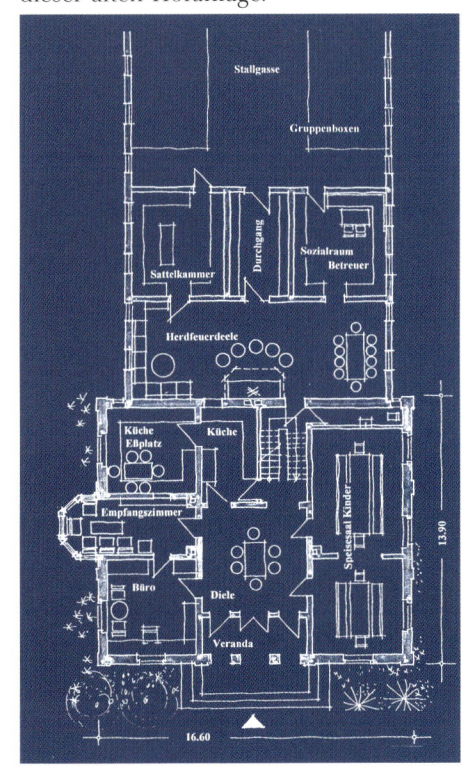

Der Grundriss zeigt das Erdgeschoss der Villa mit zentralen Einrichtungen des Kinderhotels.

Im Haupthaus und verschiedenen Nebengebäuden sind die Pferde untergebracht – hier die tägliche Arbeit der jungen Reiter.

Hof Rabert

Gennerich

Gennerich ist ein Siedlungsdrubbel in der gleichnamigen Bauerschaft am Nordhang der Baumberge, der heute jedoch längst von der modernen Siedlung des Ortes Havixbeck eingeholt und somit seine landwirtschaftlichen Flächen wie bäuerliche Prägung weitgehend verloren hat. Das Anwesen Rabert, in der Geschichte ein Hof des Stiftes Borghorst, stand in den 1970er und 1980er Jahren nutzlos leer, bot sich jedoch aufgrund seiner Lage und seiner Baulichkeiten, in denen der Baumberger Sandstein dominiert, durchaus als Standort für das damals in der Entwicklung befindliche Sandsteinmuseum an. Den vereinten Kräften engagierter Heimat- und Geschichtsfreunde der Gemeinde Havixbeck, des Kreises Coesfeld und des Landes NRW gelang es endlich, bis 1993 das Sandsteinmuseum zu errichten und so den Hof Rabert zu sichern und für den musealen Zweck umzubauen. Heute ist das Museum ein Anziehungspunkt in den Baumbergen, in dem die Besucher tiefe Einblicke in die Natur der Landschaft und die Kultur rund um den Sandstein gewinnen können. Die Gebäude des Hofes sind auf diese Weise erhalten und sinnvoll genutzt. Ein schönes Ensemble in Sandstein steht seinen Besuchern offen. Eine eigene landeskundliche Route führt von hier aus rund um die Baumberge und in die Nachbargemeinden.

Die Remise mit drei Toreinfahrten und zwei kleineren Zufahrten bietet heute dem Großgerät aus den Steinbrüchen sowie einem Atelier Platz.

Das Haupthaus Rabert mit seinem mächtigen Sandsteingiebel

Der Hof Rabert in Gennerich ist heute attraktiver Standort des Baumberger Sandsteinmuseums.

Blick ins Aatal bei Stapels Mühle

Das neue Mühlrad – in einer großartigen Gemeinschaftsaktion wieder hergestellt.

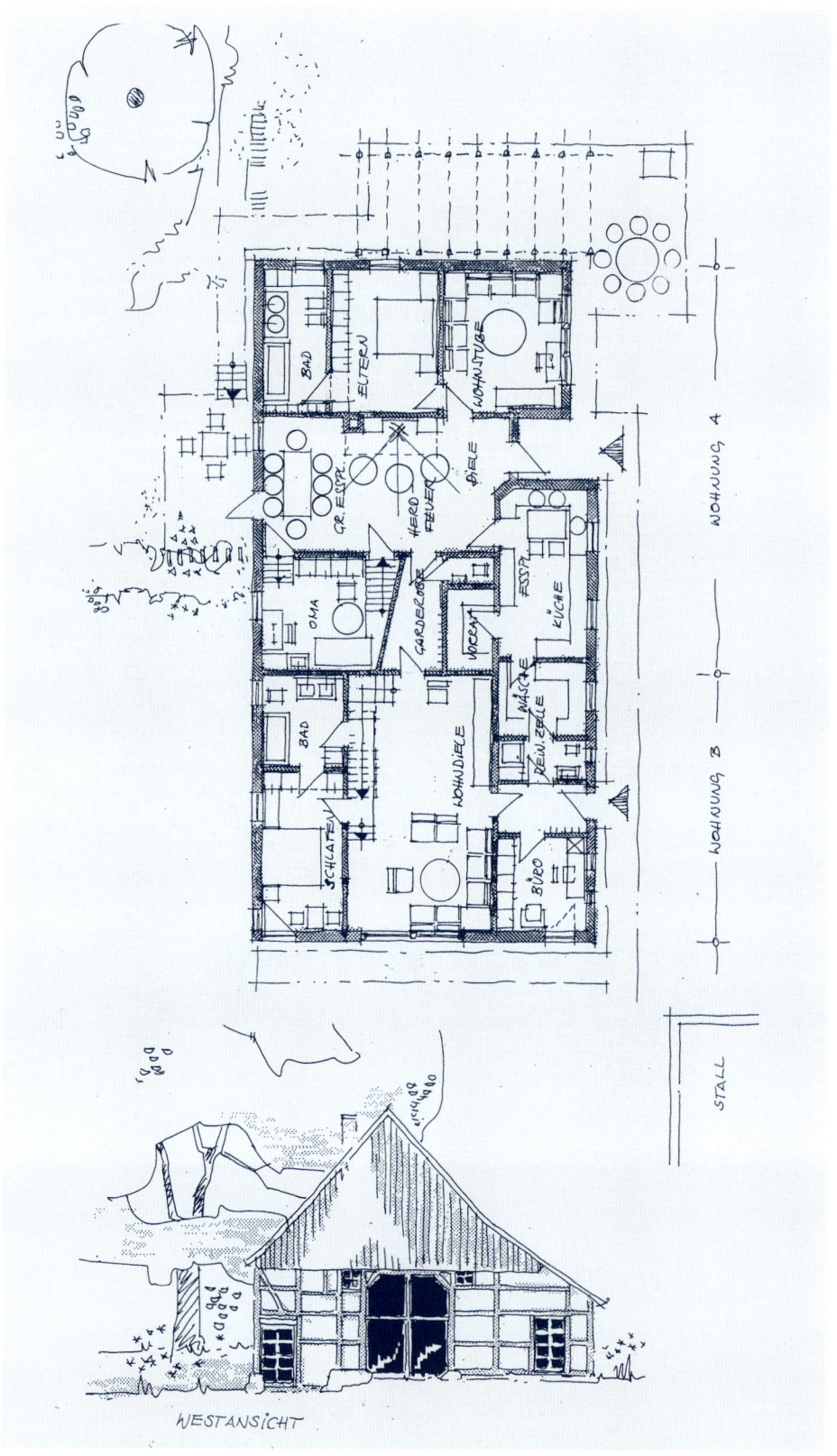

Stapels Mühle

Havixbeck

Die erste Mühle an diesem Standort wurde 1678 errichtet – mit dem dazugehörigen Müllerhaus. Diese Wassermühle gehört zum Wasserschloss Haus Stapel. Beide liegen in der Nähe von Havixbeck im Tal der Münsterschen Aa, an die das Wassersystem für beide Anlagen angeschlossen ist. Bis zum Jahr 1900 war die Wassermühle in ihrer Doppelfunktion als Öl- und Kornmühle in Betrieb, danach nur noch als Kornmühle. Ab 1936 reduzierte man die Technik auf eine Getreide-Dresch-Anlage. Das alte Mühlrad zerbrach 1946, danach wurde es durch einen Dieselmotor ersetzt. 1955 wechselte die Antriebstechnik zum E-Motor. Im Frühjahr 2007 wurde auf Betreiben der Familie Seesing nach historischem Vorbild wieder ein neues Mühlrad installiert. Eine nahe Verwandte hatte fünf Jahre zuvor den Stein ins Rollen gebracht und die finanzielle Grundlage geschaffen, worauf hin der Müller den Heimatverein und Havixbecker Freunde aktivierte. So wurde gemeinsam ein für die Havixbecker Heimatgeschichte wichtiges technisches Denkmal wieder in Gang gesetzt. Auf dem zur Mühle gehörigen alten Pachthof wohnen heute zwei Generationen der ehemaligen Müllerfamilie. Die Stallgebäude und das südliche Hofgelände sind an eine therapeutische Einrichtung mit Reittherapie vermietet, die landwirtschaftlichen Flächen sind verpachtet.

Grundriss und Giebelansicht des zu zwei Wohnungen umgebauten Haupthauses (Beratungsskizze)

Rechte Seite oben: Die zum Mühlenteich angestaute Münstersche Aa mit Mühle und dem Hallenhaus (im Hintergrund)

Rechte Seite unten: Das ehemals mit Bohlenwänden konstruierte, später ausgefachte Mühlengebäude

KREIS COESFELD 135

Schulze Brock

Lutum

Dieser Hof zeichnet sich bis heute durch die Solitärlage in seiner Bauerschaft aus. Diese ist Ergebnis der Siedlungsgeschichte, denn die curia Broke entsteht als Rodungshof inmitten bischöflicher Ländereien und wird in einem Register des Amtes Billerbeck, das als Fragment überliefert ist, im 13. Jahrhundert erwähnt. Der Charakter als Einzelhof ist hier wie sonst nur noch selten ablesbar. Schulze Brock zählte zu den wichtigen Höfen im Kirchspiel Billerbeck. Die Familie trat auch mit einer Stiftung an die Pfarrkirche St. Johann in Billerbeck hervor. Die Spätrenaissance-Kanzel in diesem Gotteshaus mit ihrer klassischen Dekoration wurde von einem Sohn des Lutumer Hofes mitfinanziert, wie die Inschrift bis heute bezeugt: „Anno 1581 heet Johan tho Boickholte ein Schulte tho Broecke neven dem Kerspel dit Werck in Goodes Ere vorverdigen laten." Ämter in der Bauerschaft und dem Kirchspiel waren für diesen Hof selbstverständlich. Bei Schulze Brock wie auf vielen anderen Höfen erfolgte nach Aufhebung der Erbuntertänigkeit ein weitgehender Neubau der Hofanlage. Der Giebel des Haupthauses in Klinker zeigt Ansprüche und Stolz seiner Erbauer. Er greift mit seiner Staffelung durchaus ältere Bauformen auf und ist sogar mit einem Wetterhahn bekrönt. Ein proportionierter Speicher in bescheideneren Formen ergänzt die alte Hofanlage.

Blick auf den Giebel des Haupthauses

Der Speicher aus dem 19. Jahrhundert

Schultenhof Bockholt

Dörholt

In einer Legende wird der Hof in Zusammenhang mit der Schlacht Karls des Großen gegen die Sachsen 779 bei Bocholt gebracht. Gesichert urkundlich erwähnt erstmals 1263 als Hof Schulte Bockholt, war dieses Gehöft ab 1298 dem Stift Nottuln abgabepflichtig. Im Dreißigjährigen Krieg verwüstet, sollen im Kellergeschoss Wölfe gehaust haben. Das Haupthaus stammt von 1695, der heutige Wohnteil mit Treppengiebel aus Sandsteinquadern von 1878/79 (Giebelstatue Hl. Ludger, „ora et labora", „laus deo semper"). Der Speicher von 1570 wurde 1877 abgebrochen, 1866 brannte eine Scheune ab und wurde wieder aufgebaut. Zur Hofanlage gehörten weiter ein Kuhstall und ein Brauhaus. Der Garten wurde vermutlich im Jahr 1818 angelegt. Der Betrieb betreibt heute auf 125 Hektar Ackerbau und Forstwirtschaft.

Der Hl. Ludgerus im Bogen des Treppengiebels

Der Treppengiebel des Wohnteils von 1878/79 aus Baumberger Sandstein

Die große Getreidescheune im Süden der Hofanlage

Das alte Foto zeigt die gesamte Hofanlage Anfang des 20. Jahrhunderts – Gebäude, Garten und Alleen

Schulze Bisping
Dörholt

Die malerisch über zwei Stauteichen an der Straße Billerbeck – Nottuln gelegene Hofstätte trug über Jahrhunderte den Namen Schulte Oelinghoff und wird im Jahre 1300 von Ludolf von Münster an das Stift Nottuln verkauft. Dieses hält den Besitz bis zur Säkularisation am Beginn des 19. Jahrhunderts in Eigenhörigkeit. Durch Heirat kam er an die Familie Schulze Bisping. Der Hof, der auch heute über eigenen Waldbesitz verfügt, liegt unmittelbar an der Grenze nach Nottuln, aber schon in in der Bauerschaft Dörholt des Kirchspiels Billerbeck und ist somit Nachbar von Sprenker-Bockholt und Schulte Brock. In der Nähe befinden sich die höchstgelegenen Quellen des Nonnen-Baches (verschliffen aus Nottulner Bach), die unterhalb des Hofes, der auf einer trockenen Terrasse liegt, in einem schon lange bestehenden Teich aufgestaut werden. Dieser Stau kurz hinter den Quellen diente der Wasserhaltung für den Hof Schulte Oelinghoff. Vor mehr als 40 Jahren wurde eine weitere Staustufe hinzugefügt. Die Gegend in der früheren Uphovener Mark hat einen sehr klüftigen Untergrund mit Karsterscheinungen, so dass der Nonnenbach je nach Jahreszeit und Witterung durchaus im Untergrund verschwindet und im Gebiet der Bauerschaft Uphoven in weiteren Quellen wieder hervorkommt (Bachschwinde). Heinrich Brockmann, Autor eines bis heute lesenswerten Buches über die Bauernhöfe Billerbecks, notierte 1891: „Am 30. Juli 1887 brannte das Haus in Folge Blitzschlages ab. An Stelle des alten westfälischen Bauernhauses ist im folgenden Jahr ein Neubau ausgeführt, dessen Bauart von der alten völlig abweicht, jedoch für den Betrieb der Landwirtschaft recht praktisch zu sein scheint." Ein Beleg dafür, dass Wandel im Interesse praktischen Wirtschaftens auch auf den münsterländischen Bauernhöfen immer schon eine Rolle spielte.

Die Lage zwischen Wäldern und Gewässern gibt dem Hof Schulze Bisping in Dörholt seinen besonderen Reiz.

Gut Holtmann

Dörholt

Das Kolonat Holtmann in Dörholt war über Jahrhunderte dem adeligen Haus Hameren bei Billerbeck hörig. Der Name der Hofstätte (= Ansiedlung in oder am Wald) markiert schon seine Lage in reizvoller Waldeseinsamkeit an den Grenzen zwischen Nottuln und Billerbeck unterhalb der höchsten Erhebungen der Baumberge. Der Hof wurde besonders im 20. Jahrhundert durch verschiedene Baulichkeiten erweitert und ist heute gepflegtes Zentrum einer großen Freizeitanlage. Das Haupthaus hat sich in seinen Formen weitgehend erhalten und präsentiert an seiner Hofseite einen wohlproportionierten Giebel.

Freizeit- und Sportmöglichkeiten prägen das heutige Gut Holtmann in Dörholt am Fuß der Baumberge.

Von den Höhen der Baumberge her erschließen sich reizvolle Aussichten in das Münsterland. Trotz vielfacher Eingriffe in das Landschaftsbild sind die wesentlichen Strukturen von Streusiedlung und Grün-Abgrenzungen durch Wallhecken und Streifengehölze erkennbar geblieben.

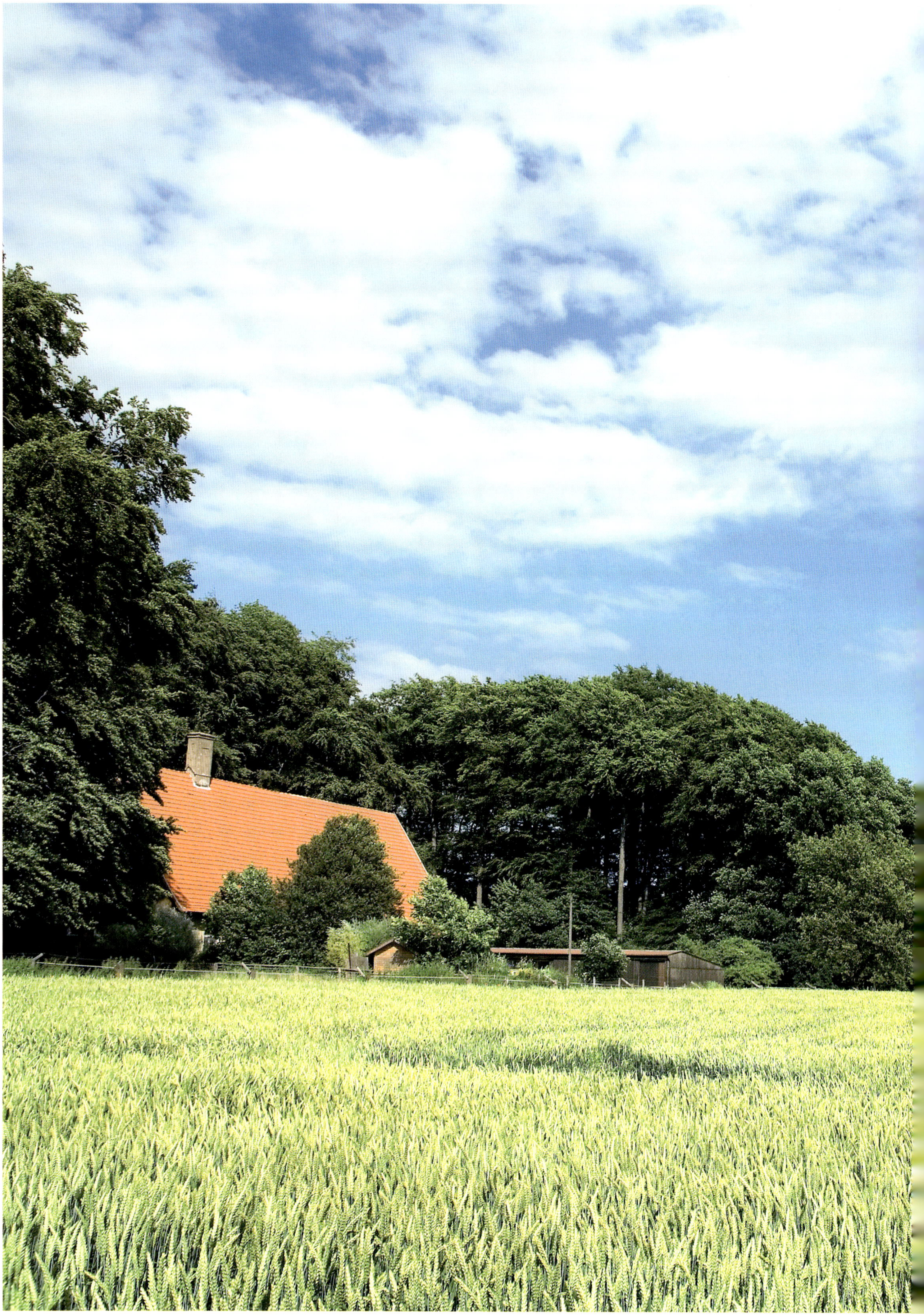

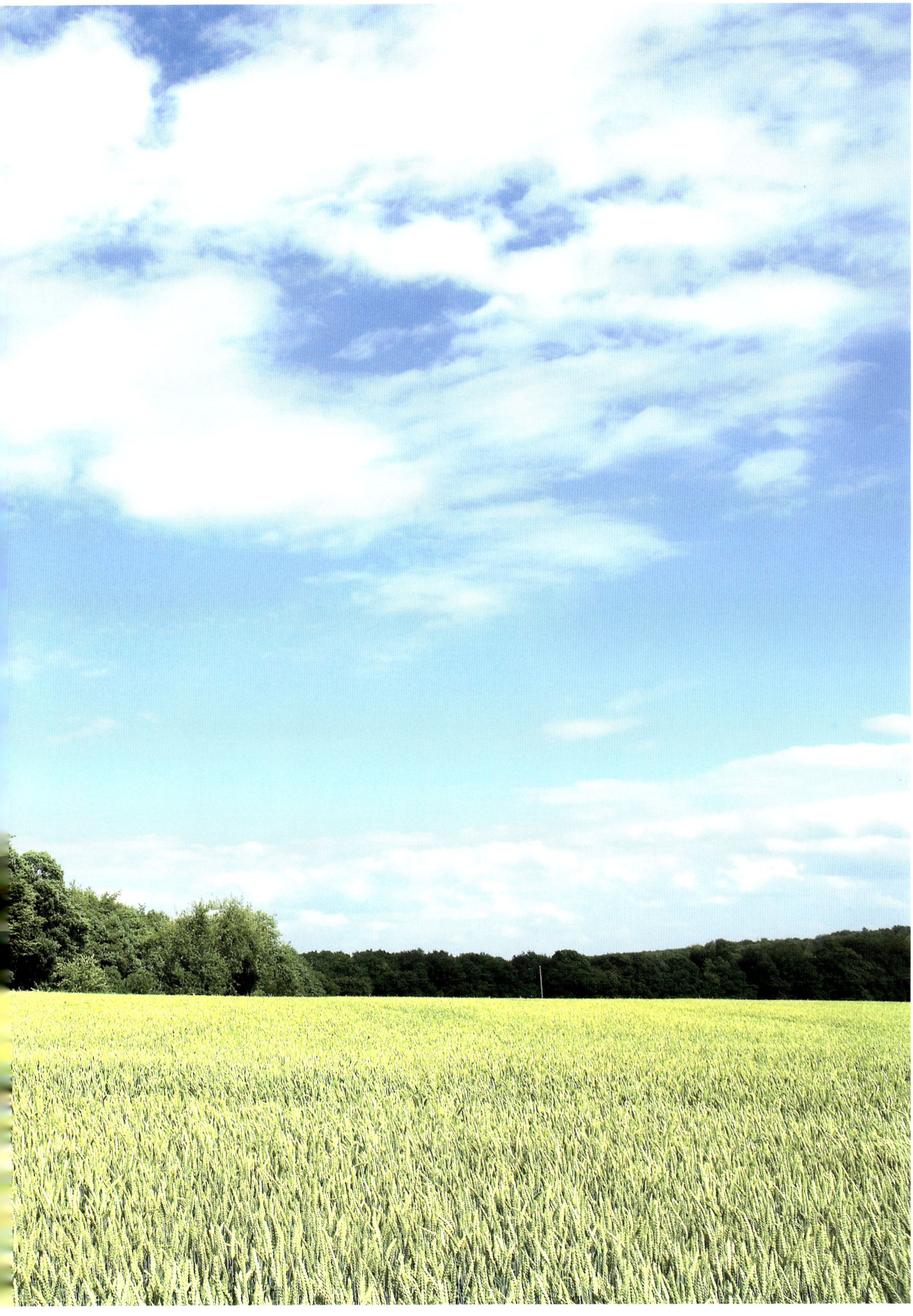

Hof Meier

Lasbeck

Der Hof Meier in der Bauerschaft Lasbeck ist der höchstgelegene der münsterländischen Tieflandsbucht. Der Vierständerbau aus dem Jahre 1739 birgt noch Elemente eines Hauses des 16. Jahrhunderts und ist in klassischen Formen gebaut, verfügt über einen Keller, einen Doppelkamin und einen „Saal". Zum gut erhaltenen Hof-Ensemble gehören Mausepfeilerscheune, Backhaus, Schweinehaus und Holzschoppe. Seitwärts im Busch liegen eine weitere Scheune und unter einem schützenden Haus der 60 m tiefe Brunnen, auf dieser trockenen Hochfläche mit klüftigem Untergrund lebenswichtig für Mensch und Tier. Neben der Landwirtschaft war das zweite Standbein ein Steinbruch, der früher vom Hof aus betrieben wurde. Mit dem Abschwung der Steinbrüche schon in den 1950er Jahren verschiebt sich das Gewicht des Hofes wieder auf die Landwirtschaft. Inzwischen werden die Meierschen Ländereien von zentraler Stelle aus mitbewirtschaftet. Auf dem Hof lebt und arbeitet ein Bildhauer.

Vorangehende Doppelseite: Meier in Lasbeck wird auch nur „Meier am Busch" genannt. Oben rechts: Giebelseite am Kammerfach des Hofes. Sandstein, Backstein und Holz gehen hier eine harmonische Mischung miteinander ein. Oben: Die Busch-Scheune abseits des Hofes. Rechts: Backhaus und Schoppe gegenüber der Haustür

Kellermann

Uphoven

Nahe der Quellen der Stever liegt mit heute noch drei Höfen die Siedlung Westerode in einem malerisch eingeschnittenen Tal südlich des Westerberges, der höchsten Erhebung der Baumberge. Sie wird heute der Bauerschaft Uphoven zugerechnet. Der östlichste Hof ist Kellermann, der nachweislich seit dem Beginn des 14. Jahrhunderts dem Stift Nottuln eigenhörig war. Die stattliche Hofgruppe ist geprägt durch einen Neubau aus den 1920er Jahren, da der Vorgängerhof durch einen Brand zerstört wurde. Das Wohnhaus ist fast im Sinne einer Landvilla mit städtischen Attributen wie z.B. einer großen Freitreppe ausgestattet, die Wirtschaftsgebäude mit Stallungen und Scheunen stehen im rechten Winkel zum Wohnhaus und rahmen einen großen Hofplatz, der durch eine Allee erschlossen wird. Restbestand der alten Hofanlage ist ein Speicher aus dem 19. Jahrhundert, der schon vor etwa 30 Jahren als Jagdhaus renoviert und zu Wohnzwecken eingerichtet wurde.

Ein Speicher des 19. Jahrhunderts wurde als Jagdhaus renoviert und ist heute dauernd bewohnt.

Wohnhaus und Hofanlagen aus den 1920er Jahren tragen eindeutig städtische Züge.

In beeindruckender Lage: Kellermann an den Steverquellen in der Bauerschaft Uphoven.

An den Steverquellen in Uphoven

Die Stever ist eines der wichtigsten Gewässer im Münsterland. Sie entwässert über die Lippe in den Rhein. Als Zufluss des Halterner Stausees ist das Flüsschen ein wichtiger Trinkwasserlieferant für das Ruhrgebiet. Deshalb wird der Stever und ihrem Einzugsbereich seit Jahrzehnten größere ökologische Aufmerksamkeit geschenkt: Das Tal ist weitgehend kanalisiert, Schmutzwassereinleitungen sind abgestellt und die Verwendung bestimmter Pflanzenschutzmittel und chemischer Dünger ist im Einzugsbereich der Stever eingeschränkt oder gar verboten. In einer ganzen Quellengalerie tritt das Flüsschen am Fuß des Westerberges ans Licht und erreicht schon nach wenigen hundert Metern eine ansehnliche Fülle. Das Quellgebiet ist wegen seiner besonderen Fauna und Flora unter Naturschutz gestellt worden und verdient wegen seiner ökologischen Werte die Achtung der Wanderer und Naturfreunde.

Leiermann

Uphoven

Der schöne Hof an der Stever, in der Reihe unmittelbar benachbart von Kellermann und Schulze Bisping, gehört seit 1304 bis zur Säkularisation dem Stift St. Martini in Münster und wird 1428 noch als Ludgerman bezeichnet. Er wird somit in Verbindung gebracht mit dem Gründungsbischof von Münster, Liudger. Der Name schliff im Mittelalter ab über die Form Loyerman zu neuzeitlich Leiermann. Der Hof glänzt mit seiner Lage südlich des Westerberges, aber oberhalb der Steverquellen. Das Haupthaus ist ganz in Werksteinen errichtet, Ergebnis der Arbeit des eigenen Steinbruches, der von Leiermann bis in das letzte Jahrhundert betrieben wurde. Zum Hof zählen ein kleiner, aber typischer Fachwerkspieker des 19. Jahrhunderts und eine Wegscheune in Fachwerk.

Ein Blick auf den Hof in seiner heutigen Gestalt, durchaus angepasst an die Formen moderner Landwirtschaft.

Leiermanns Hof in seiner malerischen Lage zwischen dem Westerberg und den Steverquellen

Schulze Bisping

Uphoven

Schulze Bisping trug bis ins 19. Jahrhundert den Namen Schulte Westerode und war der alte Haupthof dieser Rodungssiedlung an den Steverquellen. Im Mittelalter ist der Besitz zunächst dem Stift Hohenholte hörig, das ihn 1291 an die Kommende St. Georg des Deutschen Ritterordens in Münster verkauft. Die Äcker und Triften reichen aus dem Quellgebiet der Stever nach Norden in einem breiten Längsstreifen den Westerberg hinauf bis zu den Grenzen des Kirchspiels Nottuln nach Havixbeck und Billerbeck hinüber. Stets haben auch Kotten zum Hof gehört, die oben auf dem Baumberg saßen und den hofeigenen Steinbruch mit betreuten. Zum Hof gehören noch im 19. Jahrhundert Schafherden und eigene Hirten. 1883 wurde im Garten der alten Hofanlage ein moderner, großer Neubau aus Werkstein errichtet, zu dessen Gunsten der alte Hof im westlich gelegenen heutigen Garten- und Wiesenbereich aufgegeben wurde. Eine bemerkenswerte Einrichtung dieses Hauses aus der Gründerzeit ist erhalten geblieben. Der schöne Speicher aus Baumberger Sandstein, errichtet im Jahre 1720, blieb stehen und diente weiterhin als Vorratshaus sowie zum Backen und Brauen. Erst vor wenigen Jahren wurde er zum Wohnen renoviert und teils neu eingerichtet. Schulze Bisping ist nicht nur einer der größeren Höfe im Bereich der zentralen Baumberge, er verfügt auch über ein besonders gut sortiertes Hof-Archiv und eine gut dokumentierte Familiengeschichte, die das bewegte Leben gerade solcher Höfe nachdrücklich vor Augen stellen.

Schulze Bisping auf der Terrasse oberhalb des Laufes der jungen Stever.

Torhaus und Haupthaus von 1883

Mordkreuz in Uphoven an der Stever

Am Weg, der aus Uphoven nach Stevern führt, steht unweit des heutigen Hofes Schulze Bisping (d.i. historisch Schulte Westerode) ein großes Wegkreuz aus Baumberger Sandstein etwas versteckt im sog. Brook-Busch. Es erinnert an eine Bluttat, die vor fast 400 Jahren die Gemüter erregt haben dürfte. Der Nottulner Kaplan Albert Wilkens hat die heute völlig verwitterte Inschrift bereits zu Beginn des 19. Jahrhunderts aufgeschrieben: „Anno 1532 den 14. April est all hier Lucas Schulte Westerode jämmerlich vermorderet, dessen Selen Wolle Gott genedig syn". Um das Kreuz ranken sich verschiedene Erzählungen, nach denen ein Knecht von einem Nachbarhof wegen eines Streites um ein Mädchen den Hofherrn mit einem Beil erschlagen haben soll.

Bayer-Eynck

Stevern

Links: Der Eingang des Haupthauses von 1860, das 1921 aufgestockt und erweitert wurde. Rechts: Der Speicher von 1844 zeigt die typischen Formen der Entstehungszeit.

Der Hof „Deytert to Westerodde", 1539 als dem Stift Nottuln hörig genannt, liegt auf einer niedrigen Terrasse oberhalb der Stever am Fuße der Baumberge. Er besticht durch seine malerische Lage an der Landstraße von Nottuln nach Havixbeck, denn von beiden Höhen, sowohl von Deiters Hügel im Süden als auch von den hier steil ansteigenden Baumbergen im Norden her kann man die große Hofstätte betrachten. Lang ziehen sich die Gebäude vom modernen Wohnhaus mit gegenüberliegendem Speicher sowie den Scheunen und Stallungen in Baumberger Sandstein an der Südseite des Hofplatzes hin. Die Besitzerfamilie spielt in der lokalen Geschichte eine wichtige Rolle, sie stellte im späten 19. Jahrhundert den örtlichen Amtmann Darup-Deiters, der Mitglied im Vorstand des Westfälischen Bauernvereins und 1882/83 einer der Begründer der Raiffeisen-Bewegung im Münsterland war. Das erneuerte Haupthaus aus dem Jahre 1860 wurde 1921 aufgestockt und mit einem schwungvollen Mansardendach versehen. Der Sandstein-Speicher von 1844 wurde in jüngerer Zeit renoviert und zu Wohnzwecken umgenutzt.

Lang ziehen sich die Gebäude des Hofes Bayer-Eynck an der Terrassenkante zur Stever hin: Modernes Wohnhaus, Stallungen und Scheunen bilden ein harmonisches Ganzes.

Krunke

Stevern

In der Nähe der Baumberger Steinbrüche sind insbesondere im 19. Jahrhundert auch auf kleineren Hofstellen solide Bauten in Sandstein realisiert worden. Vielfach waren Kleinbauern auf den Steinkuhlen als Hauer oder Fuhrleute beschäftigt, so dass sie leichteren Zugang zu Materialien und Bauleuten hatten. Der Ausbau geschah oft in der Freizeit. Heute sind diese kleinbäuerlichen Höfe zumeist nicht mehr der Landwirtschaft verbunden und dienen den Familien als ländliche Wohnsitze. Liebevoll gepflegt prägen sie doch das Landschaftsbild im zentralen Münsterland mit.

Eilmann

Stevern

Der Hof im Herzen der Bauerschaft Stevern war seit dem Mittelalter dem Stift Nottuln zehntpflichtig. Durch verschiedene Umstände blieb das Eilmannsche Haupthaus weitgehend unverändert und bringt Flettbereich und Kammerfach in klassischer Gestaltung. Auch der mächtige Giebel hat bis heute seine alte Verbretterung. Eine Tür des frühen 19. Jahrhunderts mit Oberlicht und spätklassizistischem Dekor wird gerahmt von Fenstern in klassischer Teilung.

Das Turmhaus

Schulze Westerath

Stevern

Der heutige Hof Schulze Westerath im Herzen der Bauerschaft Stevern ist der alte Haupthof Schulte Stevermann, erwähnt bereits im 9. Jahrhundert in den Werdener Urbaren und später ein Lehen der Bischöfe von Münster, das an die Herren von Tilbeck und die Burgrafen von Stromberg gegangen war. 1302 brachte das Kloster Nottuln den stattlichen Hof in seinen Besitz und übernahm auch das dem Hof ursprünglich eigene Richteramt in der Stever Mark. Bis 1811 blieb Schulte Stevermann der Grundherrschaft des Klosters und späteren Stiftes Nottuln hörig. Dem Einfluss der Klosterfrauen ist es wohl zu verdanken, dass hier in Stevern wie im gesamten Kirchspiel Nottuln die großbäuerlichen Familien, obwohl schon wappenführend, den Aufstieg über die Ministerialität in den niederen Adel verpassten. Zum Hof gehörte auch ein Steinbruch, der schon im Jahre 1270 als Lieferant für Baumberger Sandstein zur Errichtung der Lamberti-Kirche in Münster beurkundet ist. Eine Reihe von bedeutenden Theologen und Juristen ist aus der Familie erwachsen. Ein Stau der Stever sicherte die Bewässerung der Gräften. Das ursprüngliche Vierständerhaus ist weitgehend verändert. Wichtigstes Zeugnis der Geschichte ist ein Renaissance-Kamin im Hausinneren (nicht zugänglich). Die sogenannte Mühle an der Stever ist in Wirklichkeit ein im Kern mittelalterliches Turmhaus mit Verteidigungscharakter, das die Bedeutung des alten Hofes nachdrücklich unterstreicht. Die Mühlenanlage wurde erst im 19. Jahrhundert eingebaut. Eine Renovierung des wichtigen Gebäudes ist angelaufen.

Schulze Tilling

Stevern

Der heutige Hof Schulze Tilling war bereits im späten 13. Jahrhundert dem Kloster Nottuln hörig. Er bildete mit Schulte Stevermann und dem verlegten Hof Ahlmer das Zentrum der Stever-Bauerschaft. Dies drückt sich noch heute in der Lage gegenüber dem Haupthof der Bauerschaft (heute Schulze Westerath) aus, aber auch in dem bemerkenswerten Ensemble aus Haus, Spieker und Kapelle. Stammt das heutige Haupthaus in Klinkerbauweise mit schönen Sandsteinwerkstücken aus den 1820er Jahren, ist der Spieker mit seinem malerischen Aufbau (Fachwerk über Sandsteinerdgeschoss) deutlich älter. Zum Ensemble gehört eine Hofkapelle, die von einem aufgelassenen Markenweg an den Hof versetzt wurde. Sie birgt ein Altarbild (Retabel) des 17. Jahrhunderts aus der Nottulner Stiftskirche, das der damalige Hofbesitzer beim Abbruch der alten Inneneinrichtung der Kirche 1809 kaufte und als Bildstock auf seinem Grund aufstellte. Kapelle und Altarbild wurden in den 1980er Jahren in Abstimmung mit der Denkmalpflege renoviert und als Pendant zum Speicher unmittelbar am Hof aufgestellt. Übrigens hatte der Hof Tilling über Jahrhunderte die Pflicht, zweimal im Jahr ein Fest für die Klosterfrauen bzw. Stiftsdamen, ihre Beamten und ihre Dienerschaft auszurichten.

Oben: Der Spieker des Hofes ist in seinem Aufbau und seinen Materialien ein besonders schönes Stück münsterländischer Architektur.

Das Haupthaus Schulze Tilling mit der erneuerten Hofkapelle

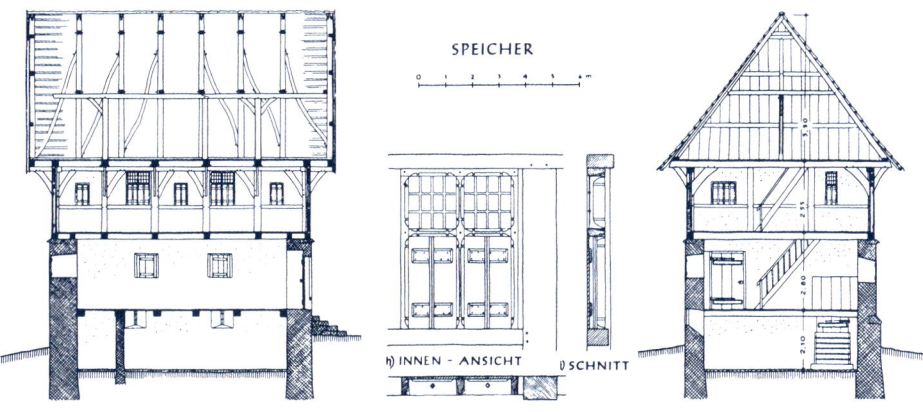

Schulze Hauling

Heller

Einer der stattlichsten Höfe im Baumbergegebiet ist der Hof Schulze Hauling in Heller, gelegen auf einer Terrasse nördlich der Stever. Die imposante Baugruppe des früheren Erbes Schulte Bölling bietet auf den ersten Blick ein sehr einheitliches Bild, ist jedoch Ergebnis einer Synthese aus einem Speicher des frühen 16. Jahrhunderts und einer historistisch überformten Hofanlage, die nach einem Brand des Jahres 1908 gestaltet wurde. Der Hof wird 1217 erstmals gesichert genannt und war dem Aegidii-Kloster in Münster eigenhörig. Wertvollster Bestandteil der Anlage ist der zweigeschossige gotische Spieker aus dem ersten Drittel des 16. Jahrhunderts Der Bau ist ganz in Baumberger Sandstein über einem Kellergeschoss errichtet und war von vorneherein zu Wohnzwecken eingerichtet, wie der prachtvolle Kamin mit seinen Konsolfiguren und der Hängeabtritt belegen. Über dem Kellereingang befindet sich eine humorvolle Jagddarstellung. Das Wohnhaus mit seinem Eckturm und die stattliche Leibzucht unterstreichen die Ansprüche der Besitzerfamilie in einer Zeit, als die Wirtschaftslage des Bauernstandes vergleichsweise glänzend war. Erst in jüngster Zeit wurde die Hofanlage Zug um Zug renoviert und bietet heute das Bild eines kleinen Herrensitzes.

Oben links: Von der Anlage des mittelalterlichen Hofes ist der prachtvolle Wohnspeicher erhalten. Hier die Südseite mit den erkennbaren Resten eines Hängeabtrittes im 1. Stock. Unten: Speicher, Haupthaus und Leibzucht des Hofes Schulze Hauling in Heller. Das Haupthaus mit seinem Eckturm folgt zwar der Kubatur eines Vierständerhauses, ist jedoch Ergebnis eines Um- und Neubaus nach einem Brand im Jahre 1908.

SPEICHER

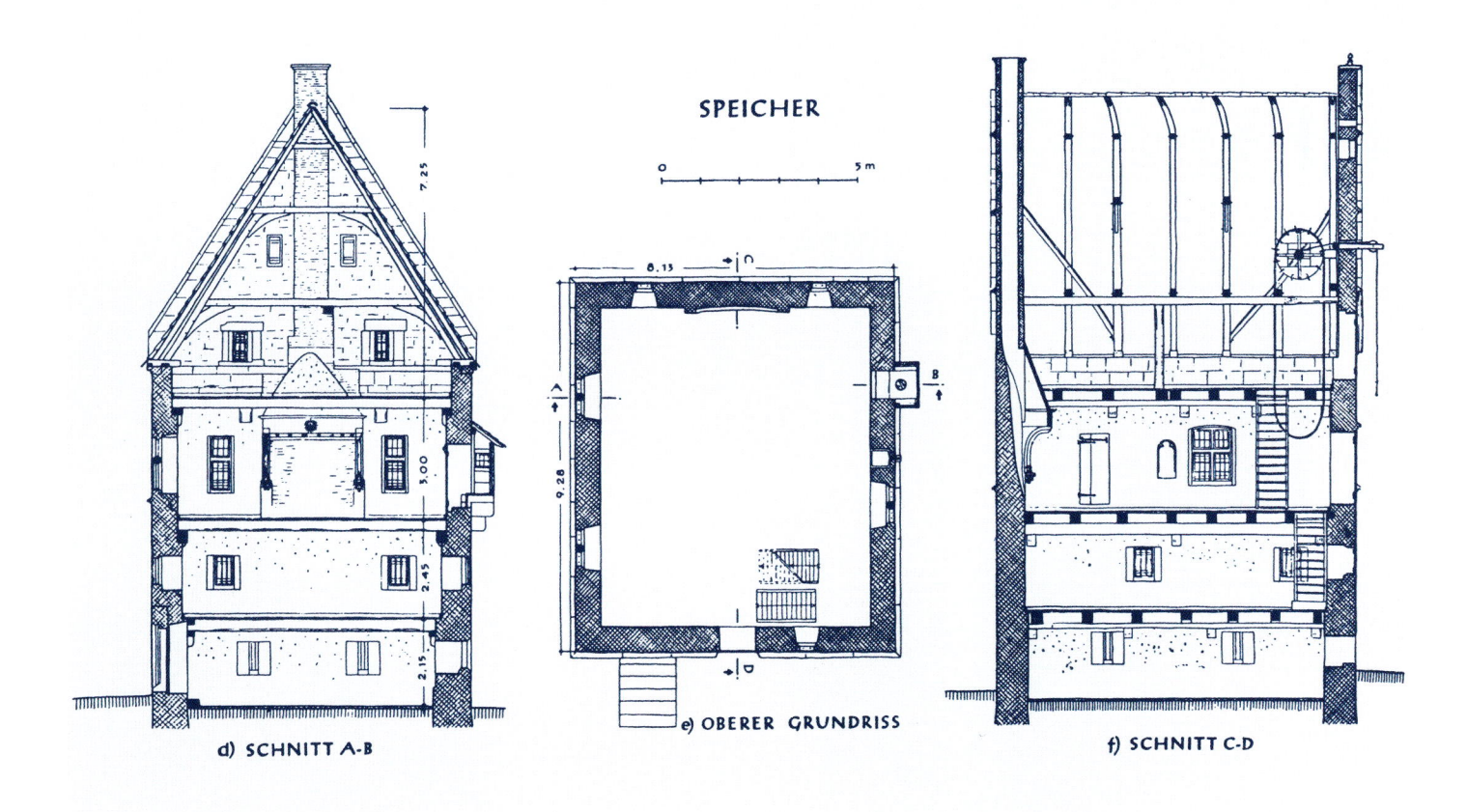

d) SCHNITT A-B

e) OBERER GRUNDRISS

f) SCHNITT C-D

KREIS COESFELD

Schulze Johann

Buxtrup

Zwei prächtige Höfe liegen in der Bauerschaft Buxtrup unmittelbar nebeneinander: Schulze Johann und Budde-Schürmann. Sie gehen auf die gemeinsame Wurzel des Hauses Schelleren zurück, das das Stift Nottuln „seit alter Zeit" besaß, wie in einer Urkunde bereits 1298 bezeugt ist. Der Besitz zerfiel in zwei Teile: Schulte Everd (erwähnt 1312) und Schulte Johann (erwähnt 1336). Der letztere trägt seinen Namen mit der zusätzlichen Bezeichnung „Schellermann" also ununterbrochen seit fast 700 Jahren. Die heutige Anlage mit Haupthaus, Back- und Brauhaus, Scheunen und Ställen geht im Wesentlichen auf Bautätigkeiten des 19. Jahrhunderts zurück. Der Wohnteil des ursprünglichen Vierständerhauses wurde 1868 zweigeschossig erweitert und laut Familientradition mit dem Ertrag einer einzigen Weizenernte bezahlt. Dieser Teil des Hauses hat bis heute viele Details seiner Inneneinrichtung bewahrt. Schulze Johann hat als letzter Hof des Altkreises Münster von seinem Braurecht bis in die 1960er Jahre Gebrauch gemacht. Die Einrichtung der Hofbrauerei ist heute im Münsterlandmuseum auf Burg Vischering in Lüdinghausen zu besichtigen.

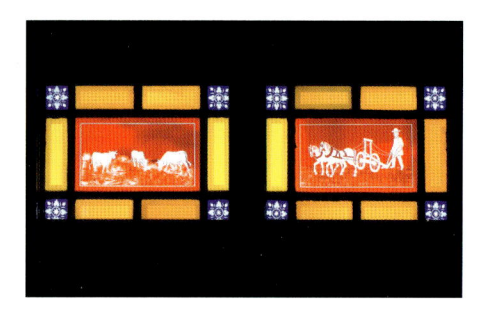

Die prächtig gerahmte Tür führt in die große Hofküche.

Eine Kreuzigungsstation eröffnet den Weg zum Hof Schulze Johann.

Der Durchgang vom älteren Vierständerhaus in den Wohnteil des 19. Jahrhunderts

Baumberger Sandstein und gusseiserne Platten speichern die Wärme des Herdfeuers.

Ein prächtiges Haal aus dem 18. Jahrhundert, mit dem die Töpfe über dem offenen Feuer aufgehängt und in der Höhe verändert werden konnten.

Folgende Doppelseite: Die Herdfeuerwand von 1868 mit dem großen Bosen

KREIS COESFELD 153

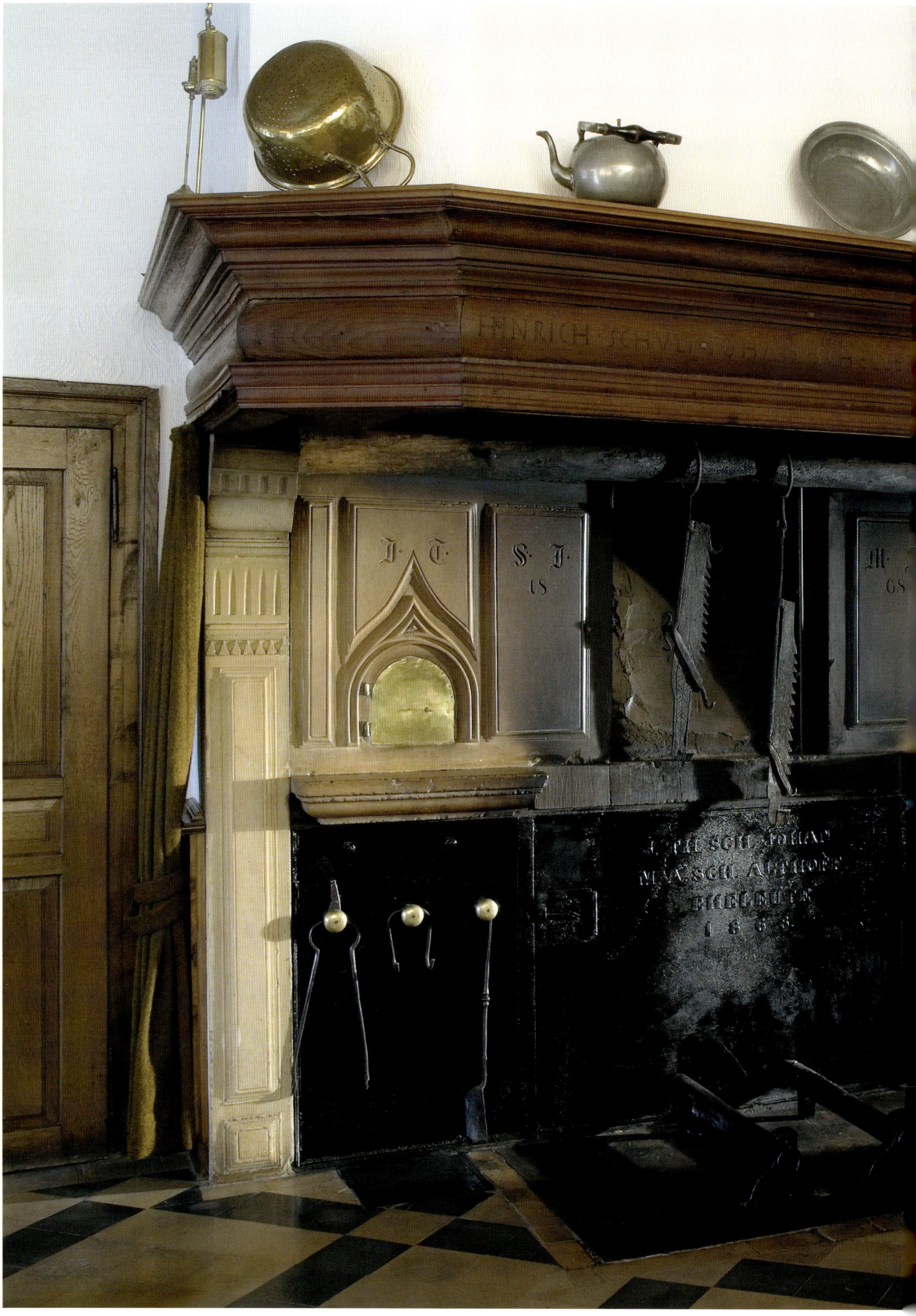

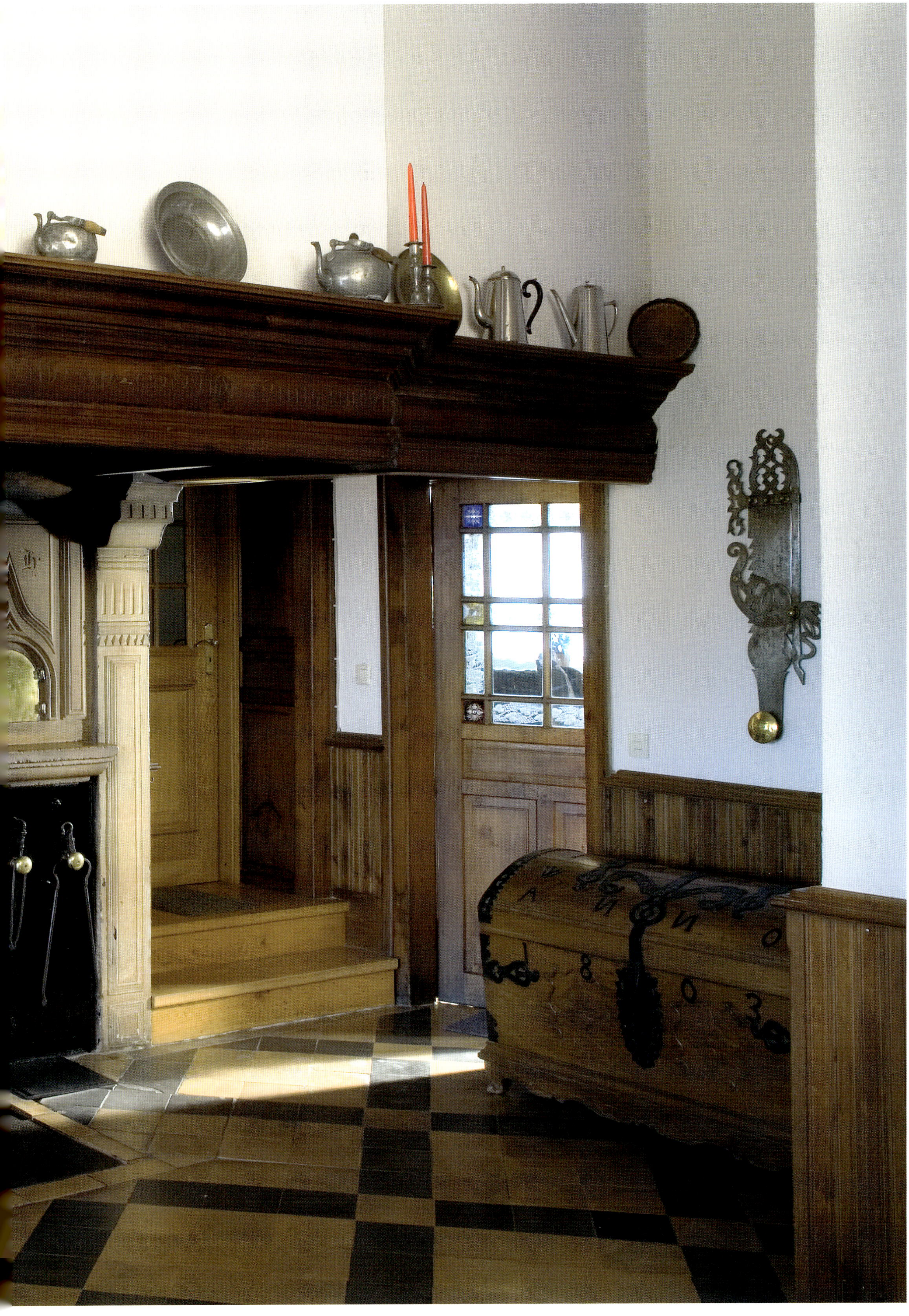

Schulze Detten

Schapdetten

Bis heute zeigen sich bäuerliche Siedlung und Kirche von Schapdetten als eine Einheit. Das kleine Dorf entstand in seinem Kern auf einem Geländerücken zwischen zwei Bodensenken oberhalb der Steverhänge. Ursprünglich war es gewiss nur ein einziger großer Hof, der den Namen Thetton trug und am Anfang des 11. Jahrhunderts als Tafelgut des Abtes von Fulda bezeugt ist. Zwischen dem Ende des 12. und dem frühen 16. Jahrhundert wird er als Lehen an verschiedene Herren ausgetan, er gerät u.a. an die Herren von Lüdinghausen und 1586 endlich durch Kauf an das Haus Nordkirchen. Der Kirchbau geht auf das Reichskloster Fulda zurück, das zwischen 1022 und 1032 um die Weihe der Kirche durch Bischof Sigfrit von Münster bittet. Das Bonifatius-Patrozinium – im Münsterland sonst nur in Freckenhorst vertreten – geht eindeutig auf Fulda zurück, das auch den Haupthof und die Reliquien stiftete. Die Kirche war mithin eine klassische Eigenkirche für die Hofgemeinschaft des einzelnen Hofes. Heute zeigt sich Schulze Detten noch immer in dieser engen Verbundenheit, obwohl die Kirche schon seit 1313 nachweislich mehr und mehr mit Rechten einer Pfarrei ausgestattet wurde. Das Haupthaus von Schulze Detten ist in solidem Werkstein errichtet, greift gleichwohl die klassischen Prinzipien eines Vierständerbaus auf. Der seitlich gelegene Speicher ist ebenfalls aus Sandstein gebaut. Nur in wenigen Dörfern des Münsterlandes ist der bäuerliche Kern von Kirche und Siedlung so gut zu beobachten wie in Schapdetten.

Scharlau – Reißelmann

Haus Tilbeck

Der ehemalige Haupthof der gleichnamigen Bauerschaft Tilbeck liegt erhöht am Nordhang der Baumberge umgeben von Solitärbäumen und vor der malerischen Kulisse der waldreichen Berge. Der Blick auf das Haupthaus erscheint durch eine Remise des 19. Jahrhunderts etwas verstellt, die aber mit ihrem Bruchsteinfundament und einem Eckturm in Baumberger Sandstein einen nahezu herrschaftlichen Anspruch erhebt. Die modernen Gebäude dienen heute der Landwirtschaft und insbesondere der Pferdezucht. Ferien auf dem Bauernhof gehören hier zum Programm dazu.

Schulze Tilling
Auf der Horst

Als Wulveshus zu Asenderen, in Urkunden auch lateinisch „Domus Lupi" genannt, kam der heutige Hof Schulze Tilling 1326 in den Besitz des Klosters Nottuln. Bereits im Jahre 1500 wird der Hof als „Wulveshus, anders Bruns" bei den Pachteinkünften notiert. Er verblieb bis zur Säkularisation unter dem neuen Namen im Besitz des Nottulner Damenstiftes. Durch Einheirat kam die auch in Stevern beheimatete Familie Schulze Tilling im 19. Jahrhundert auf den Hof. Die Baulichkeiten wurden im Laufe der Jahrzehnte vielfach verändert. Die malerische Hofanlage selbst mit einer zum Haus führenden Allee, mit Stauteich und Speicher blieb indes weitgehend erhalten. Auch eines der wenigen münsterländischen Göpelhauser, in denen durch Pferdeantrieb drehende Energie für die erste Maschinengeneration auf den Höfen produziert wurde, ist stehen geblieben.

Der Speicher auf dem Hof Schulze Tilling zeigt vielfältige Spuren von Veränderungen und Reparaturen.

Eines der wenigen erhaltenen Göpelhäuser im Münsterland. Aus diesen Häusern wurde mit Pferdekraft erzeugte drehende Energie durch Wellen oder Keilriemen auf die Maschinen einfacher Bauart (Dreschmaschinen, Butterkernen, Kreissägen etc.) übertragen.

Schulte Wien

Auf der Horst

Ein Bernhard de Winde wird bereits zu Beginn des 14. Jahrhunderts unter die Ministerialen des Klosters Nottuln gezählt. 1419 ist der Hof Wynde im Register seiner Zehntpflichtigen eingetragen und wird hier in den folgenden Jahrhunderten immer wieder genannt. Grundherr war aber wohl das adelige Haus Weddern, nahegelegen im Kirchspiel Dülmen. 1476 wurde dieser Besitz dem Karthäuserorden zur Anlage einer Kommunität geschenkt. Schulte Wien gehörte jedenfalls bis zur Säkularisation diesem Kloster, das als eines der blühendsten und reichsten des Münsterlandes galt. Der Hof wurde im 19. Jahrhundert weitgehend erneuert. Unter den jüngeren Gebäuden besticht ein Speicher aus dem Jahre 1880, der auch als Mühle und Backhaus diente und sich durch eine saubere Backsteingliederung und schöne Durchfensterung auszeichnet. Er dient heute als Wohnhaus.

Schulte Eistrup

Auf der Horst

Das Kloster Nottuln erwirbt bald nach 1215 den Hof Schulte Esthorpe, 1249 und 1252 werden seine Erträge unter die Einkünfte des Kleideramtes gezählt. Schon damals gehört eine Mühle zum Erbe dazu, die vom Hagenbach angetrieben wurde. Zu Beginn des 14. Jahrhunderts wird ein Herr des Hauses Esthorpe unter die Ministerialen des Klosters gezählt. Der Hof mit seiner imponierenden Gebäudegruppe liegt auf dem Nordufer des Hagenbaches, der hier bis vor einigen Jahrzehnten noch zu einem Teich aufgestaut wurde. Schulte Eistrup erhielt übrigens 1877 die erste Konzession im Amt Nottuln zum Betrieb einer Dampfmaschine auf einem Bauernhof. Mit dem „stehenden Röhrenkessel von acht Pferdestärken" sollte Energie für die hofeigene Mühle garantiert werden.

Schulte Eistrup auf der Horst liegt heute inmitten eines großen Schlages. Unser Bild belegt auch die Bedeutung der Hofbäume für die Gesamtansicht münsterländischer Höfe.

Schulze Averbeck

Auf der Horst

Der ansehnliche Hof liegt auf dem Nordufer des Hagenbaches im äußersten Winkel des Kirchspieles von Nottuln und in unmittelbarer Nähe des Schulte Limberg der gleichnamigen Nachbarbauerschaft. Der Name Averbeck lautet im Plattdeutschen bis heute „Üörwerbieck" und weist damit auf die Lage des Hofes jenseits des Baches – üörwer de Biecke – hin. Historisch gehörte er bis zur Säkularisation dem Dompropst in Münster. Wegen der abseitigen Grenzlage hatte der Schulte stets auch viele Beziehungen in die Nachbarkirchspiele. Der stattliche Hof, der durch eine schöne Gartenanlage gerahmt wird, wurde im Laufe der letzten Jahrzehnte modern umgestaltet. Von der großen Hofanlage des 19. Jahrhunderts blieben ein zweigeschossiger Speicherbau, der auch als Mühle diente, und eine bemerkenswerte Torscheune unverändert erhalten. Mit ihren fünf Durchfahrten bildet sie den Auftakt zum weitläufigen Hofplatz.

Oben links: Giebel des Haupthauses Schulze Averbeck mit nachträglichen Veränderungen im Erdgeschoss. Mitte: Durchfahrtscheune des 19. Jahrhunderts vor dem Hof. Selbst die Gitter aus der Erbauungszeit blieben erhalten.
Unten links und rechts: Bauzier und Bauinschrift am Torhaus

Zumbülte

Nottuln

Das Anwesen Zumbülte in der Mühlenstiege am Südufer des Nonnenbaches und des Mühlenteiches ist eines der wenigen erhaltenen Fachwerkensembles mittlerer Größe, das für die Zukunft bewahrt werden konnte. Zum Haupthaus gehören ein älterer Spieker, eine Schoppe und eine Bleichhütte. Die unmittelbar benachbarte ehemalige Nottulner Stiftsmühle gehört erst seit 1880 zum Familienbesitz. Sie wurde kurz vor dem 1. Weltkrieg in den heutigen Formen auf dem Nordufer des Baches errichtet. Das erste Haus an diesem Ort wurde wohl im 17. Jahrhundert von einem der Nottulner Stiftsamtmänner gleichen Namens errichtet, es verging aber im Jahre 1697 in einer Feuersbrunst. Der Neubau, zu dem auch der Speicher zählen dürfte, diente im 17. und 18. Jahrhundert unter dem schönen Namen „In dem halben Mond" als Gasthaus. Der altertümliche Speicher zeigt noch heute Spuren der Verwendung als Back- und Brauhaus. Im Jahre 1822 schlug der Zimmermann Huller das heutige Haus unter Verwendung älterer Gebinde und Materialien vom Vorgängerbau neu auf. In dieser Form blieb es als Querdeelenhaus bis in die Gegenwart erhalten, im 20. Jahrhundert begünstigt durch einen sehr langen Generationenschlag, bei dem zuletzt der Besitz vom Vater an die Enkelgeneration geriet. In den 1980er Jahren wurde Zumbültes Haus für die Zukunft gesichert. Diese Renovierung bemühte sich, die alten Strukturen zu dokumentieren und zu bewahren, schloss kluge Kompromisse zwischen dem erkennbaren gewachsenen Baudenkmal und den Anforderungen an neuzeitliches Wohnen. Begeisterung löst auch der schöne Bauerngarten in seinen alten Formen aus. In ihm steht als weiteres Denkmal ein Bleichhüttchen, in dem die Gerätschaften zum Leinenbleichen und auch der Wächter untergebracht waren.

Blick auf die Holzschoppe

Die Straßenfront des Hauses Zumbülte in Nottuln an der Mühlenstiege mit Spieker und Haupthaus

Am Ende des Gartens steht die alte Bleichhütte.

Haus Darup

Darup

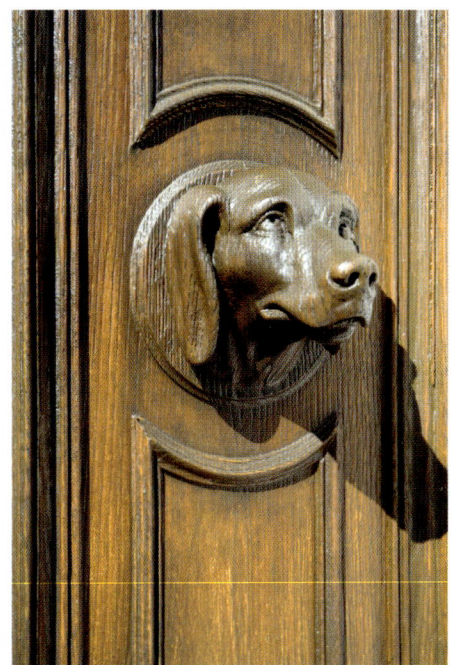

Die großzügige Hofanlage von Haus Darup lässt gleich erkennen, dass in der Wurzel ein adeliger Besitz vor dem Betrachter steht. Die Familie von Darup wird 1315 erwähnt und ist das ganze 14. Jahrhundert hindurch urkundlich gut bezeugt. Das Haus wechselt im Laufe der Zeit häufig den Besitzer und kommt im Jahre 1714 an die Familie von Bönninghausen, die hier bis 1929 ansässig bleibt. Ihr bekanntester Vertreter ist der Landrat, Botaniker und Homöopath Clemens von Bönninghausen (1785–1864), der als einer der Begründer naturnaher Medizin gilt und als Arzt die Dichterin Annette von Droste-Hülshoff betreute. 1830 ließ Clemens von Bönninghausen das alte Herrenhaus renovieren, beseitigte einen alten Turm und gab dem Haus seine heutige Gestalt. Unter Julius von Bönninghausen, der 1908 Haus Darup erbte, begann ein Neubau der Ökonomiegebäude, die bis heute das opulente Bild des Anwesens prägen. Den Gesamtentwurf schuf 1909 das Bauamt des Westfälischen Bauernvereins, dessen Direktor Köthen auf eine zeitgemäße und moderner Landwirtschaft verpflichtete Gestaltung achtete. Ganz offensichtlich spiegelten sich auch repräsentative Ansprüche des jungen Besitzers in dem aufwändigen Projekt. Verwalterhaus, Stallungen und Scheunen bilden in einer Dreiflügel-Anlage ein einheitliches Ganzes, das seitwärts ergänzt wurde durch ein „Geflügelhaus" mit Türmchen und Taubenschlag. Im „Park" entstanden ein Gartenpavillon und später ein Gewächshaus mit Palmenhaus. Auffahrt und Springbrunnen gaben dem bis dahin eher bescheidenen Besitz ein herrschaftliches Gepräge. Ein Stall für die Vollblutzucht wurde noch in den 1920er Jahren hinzugesetzt, als die wirtschaftliche Lage des Gutes schon schwierig geworden war. Der Erste Weltkrieg mit seinen wirtschaftlichen und sozialen Folgen und der Zusammenbruch der Währung 1923 zerstörte die wirtschaftlichen Grundlagen der Familie von Bönninghausen. Haus Darup war außerdem für den Aufwand, den man betrieben hatte, mit zu geringer Grundfläche ausgestattet. 1929 wurde der Besitz versteigert und kam in bürgerliche Hand, seit 1939 gehört Haus Darup der Familie Struwe, die hier bereits in dritter Generation lebt.

Details der Tür mit Beschlag und Hundekopf

Das Wohnhaus von Haus Darup hat einen mittelalterlichen Kern, wurde aber 1830 von Clemens von Bönninghausen in seine heutige Form gebracht.

Die Innengestaltung des Hauses bewahrt weitgehend die Gestaltung des 19. und frühen 20. Jahrhunderts.

Blick auf die Gesamtanlage mit Verwalterhaus links.

Der linke Flügel der Ökonomie-Gebäude

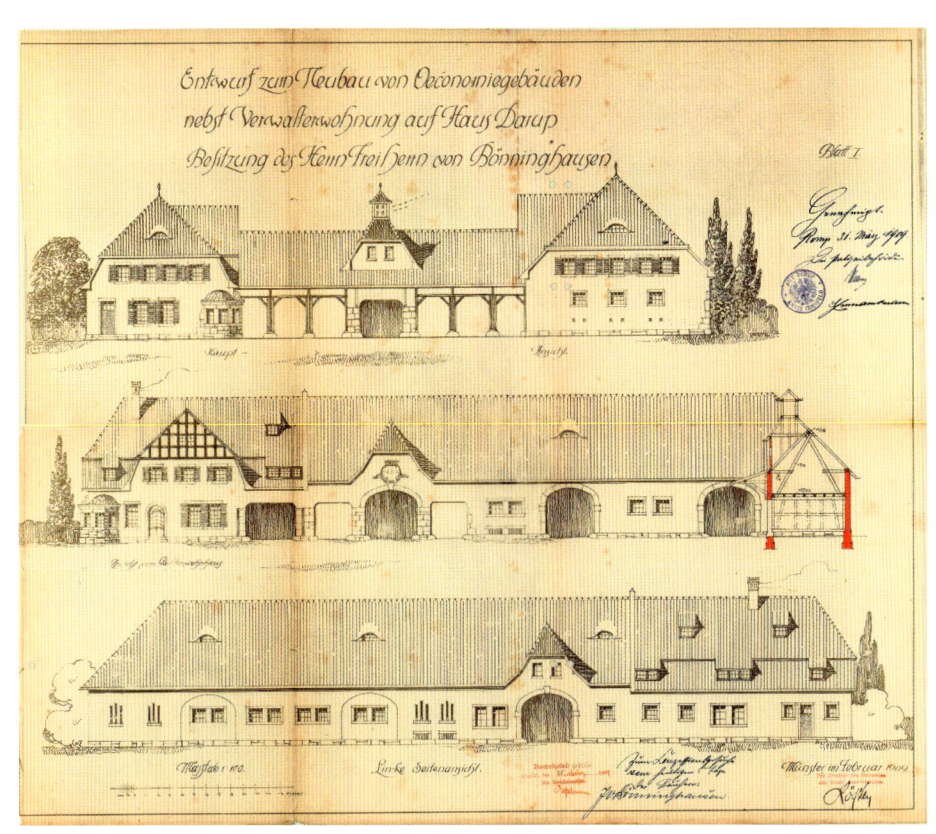

Ansicht der Planung von 1909 mit den drei Flügeln. Der rechte Flügel wurde bei einem Brand 1972 beschädigt und leicht verändert repariert.

Das Geflügelhaus mit Taubenschlag, in historischer Zeit Symbol des adeligen Besitzes überhaupt.

Schulze Darup

Darup

Am ursprünglichen Dorfrand liegt der Schultenhof Darup, der in der Geschichte des Dorfes und Kirchspiels als Holzrichter in der Daruper Mark und als Burrichter (niedrigste Instanz in Streitfällen) eine gewichtige Rolle spielt. Im Jahre 1299 wird der Besitz von Mathias von Raesfeld an den Johanniterorden in Burgsteinfurt verkauft. Zu dieser Zeit sind zwei Höfe im Dorf und ein weiterer in der Bauerschaft Gladbeck dem Schulte Darup abgaben- und dienstpflichtig. Der Hof liegt seitab der Kirche vor der Kulisse eines Waldes und beeindruckt überhaupt durch seinen malerischen Grünrahmen. Der ursprüngliche Vierständerbau ist modern verändert und durch einen quergestellten Wohntrakt erweitert. Beherrschende Elemente des großen Hofplatzes, der durch neuere Betriebsanlagen gerahmt wird, sind die Hofbäume und das Back- und Brauhaus, das vor einiger Zeit denkmalpflegerisch hervorragend renoviert wurde und heute zu Wohnzwecken dient.

Ein Blick auf das Haupthaus Schulze Darup mit dem renovierten Back- und Brauhaus (rechts). Die Anlage wird von stattlichen Hofbäumen belebt.

Hof Potthoff

Limbergen bei Darup

Die Vorgeschichte dieses Hofes ist weitgehend unbekannt. Der alte Hofname Potthoff wurde im Jahr 1776 durch Einheirat in Schulte im Hofe geändert. Das Haupthaus stammt vermutlich aus der Mitte des 18. Jahrhunderts – der Giebel wurde ca. 1850 erneuert. 1885 wurde quer vor das Haupthaus ein neues Wohnhaus angebaut. 1914 errichtete man quer zum Stallteil des Haupthauses eine große neue Stallscheune – diesem Anbau mussten ältere Hofgebäude weichen. Die Remise mit 10 Toren stammt aus dem 19. Jahrhundert. Die Landwirtschaft ist eigentlich 1955 ausgelaufen. 1971 wurde neu verpachtet – ca. 65 Hektar Ackerland und 8 Hektar Wald. Der Hauptbetriebszweig war nun die Schweinemast. 1989 wurde die Landwirtschaft endgültig aufgegeben und die Flächen verpachtet. Heute wird auf dem Hof nur noch gewohnt.

Die Hofanlage Anfang des 20 Jahrhunderts

Der Hof von Süden – links der Giebel der Stallscheune von 1914, rechts das quer vorgebaute Wohnhaus

Impression aus dem nördlich gelegenen großen Garten

Das quer vor das Haupthaus angebaute Wohnhaus

Das Kruzifix aus der zweiten Hälfte des 20. Jahrhunderts, auf dem älteren Sockel einer anderen Station

Die Remise für die Unterbringung von Fahrzeugen und Heu-/Strohlagerung im Dachgeschoss

Zwei Fenster am Wohnteil des alten Hallenhauses

Schulze Frenking

Appelhülsen

Dieser ehemalige Gräftenhof liegt im Ortsteil Appelhülsen der Gemeinde Nottuln und wurde im Jahr 1022 zum ersten Mal urkundlich erwähnt. Die aufgegebene Hofanlage wurde Anfang der 80er Jahre des 20. Jahrhunderts von der Gemeinde Nottuln erworben, restauriert und zum Bürgerzentrum ausgebaut. Heute finden hier Konzerte, Ausstellungen, Seminare, Tagungen und Versammlungen von Vereinen und Verbänden statt, wie auch Familienfeste. Hauptgebäude und Speicher können für Privatveranstaltungen gemietet werden.

Die Hofanlage Mitte des 20. Jahrhunderts

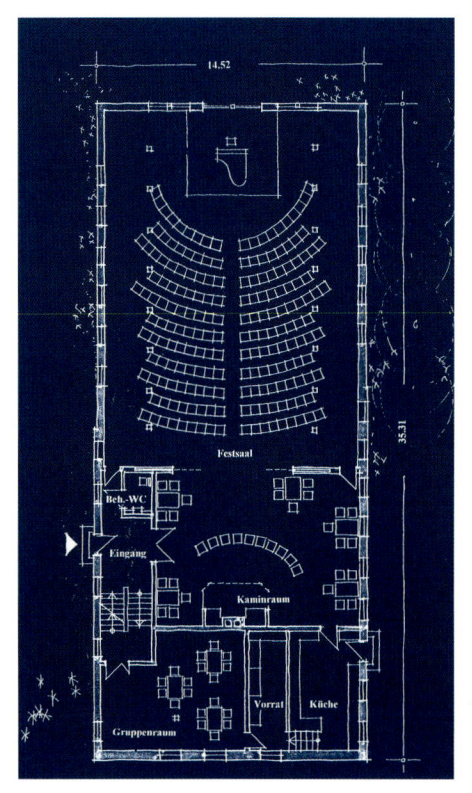

Das restaurierte alte Hauptgebäude dient heute als Dorfgemeinschaftshaus für unterschiedliche Veranstaltungen

Auch der ehemalige Speicher ist zweigeschossig ausgebaut und beliebter Doppelraum, vor allem für private Feste

Der ehemalige seitliche Eingang zum Wohnteil

Wehmhof

Appelhülsen

Die aufgegebene Hofanlage wurde Anfang der 70er Jahre abgerissen – bis auf die besser erhaltene Hälfte des langen Hofspeichers. Dieses Restgebäude wurde 1983 mitsamt dem Gelände von der Ev. Kirche gekauft und zum Gemeindehaus ausgebaut für Gottesdienste, Gruppenarbeiten und andere Veranstaltungen. In den 80er Jahren wuchs die Gemeinde, somit war bald das halbe Speichergebäude vor allem für die Gottesdienste zu klein. Die Erweiterung zu einem größeren Raum für Gottesdienste, ein neues Jugendhaus und der Bau eines Glockenturms wurden Ende der 80er Jahre verwirklicht. In Zusammenarbeit mit dem Landesamt für Denkmalpflege in Münster konnte der Speicher (nach vorliegender Fotodokumentation) wieder auf die volle, alte Gebäudelänge vergrößert werden. So entstand in diesem historischen Gebäude ein interessanter, teilweiser zweigeschossiger Kirchenraum. Im Obergeschoss liegen nun das Gemeindebüro, ein Gruppenraum und die Küche. Jugendhaus und Glockenturm ergänzen dieses Ensemble und lassen zwischen den alten hohen Bäumen die Atmosphäre der ehemaligen alten Hofanlage erahnen.

Der alte Wehmhof mitten in Appelhülsen um 1970

Der zweigeschossige Innenraum erhält das Hauptlicht durch die doppelseitige senkrechte Gefachverglasung

Gemälde mit altem Speicher

Die gesamte neue Anlage

Der gegen Ende der 80er Jahre auf die ehemalige volle Länge zur Kirche restaurierte Speicher

KREIS COESFELD 169

Schulze Finkenbrink

Bösensell

Schulze Finkenbrink, ursprünglich ein bischöfliches Lehen, ist nach 1376 verschiedenen münsterschen Erbmännerfamilien (Cleyvoren, Kerckering, Biscoping, Schenking) hörig und wird 1712 an das Domkapitel von Münster verkauft. Der Hof liegt zentral im Münsterland und wohl nicht zufällig gehörte zu ihm das Laerbrock, ein Geländestück am Schnittpunkt der Grenzen der Kirchspiele von Bösensell, Havixbeck und Nottuln sowie zweier Gogerichtsbezirke. Hier traten im Mittelalter bis in die Neuzeit hinein die Landstände des Bistums Münster, die Vertreter des Domkapitels, der Ritterschaft und der 14 landtagsfähigen Städte unter freiem Himmel zum Landtag zusammen. Hier fielen unter Beachtung eines festgelegten Zeremoniells zahlreiche Beschlüsse zur Landespolitik. Nach dem Ende dieser urtümlichen Versammlungen auf dem Laerbrock im frühen 16. Jahrhundert und ihrer Verlegung in die Landeshauptstadt fiel der historische Ort landwirtschaftlicher Nutzung anheim und wurde 1712 als Zubehör des Hofes Schulze Finkenbrink mit den übrigen Flächen verkauft. Die Hofanlage Schulze Finkenbrink ist modern ausgebaut. Das Haupthaus, durch ein großes Zwerchhaus mit Heiligenbild ergänzt, hat jedoch sein Fachwerk größtenteils bewahrt und gepflegt und basiert auf den klassischen Formen des Vierständerbaus. Eine eindrucksvolle Scheune von 1899 und ein gut proportionierter Speicherbau an der Hofseite (beide in Klinkern) ergänzen das Ensemble. Die prominente Lage auf einer Höhe an der Straße Bösensell – Havixbeck wird durch den Hintergrund eines Waldes unterstrichen.

Hof Raestrup

Bösensell

Der heutige Hof Raestrup wurde urkundlich unter dem Namen „Fronothorpe" im Jahr 1032 erstmals erwähnt. 1875 geht durch familiäre Veränderungen der spätere Name Frandrup auf Raestrup über. 1945 brannte der Hof teilweise ab und wurde bis 1954 wieder aufgebaut. Heute bewirtschaftet der Bauer zusammen mit dem Betrieb Oskamp in Nienberge in Form einer GbR insgesamt 120 Milchkühe mit weiblicher Nachzucht. Die Bullkälber werden zur Mast verkauft.

Der sauber gestaltete neue Liegeboxenlaufstall für 120 Milchkühe, im Hintergrund der zweite Stall.

Die architektonische Visitenkarte des Hofs ist der gekonnt restaurierte Kornspeicher aus dem 19. Jahrhundert an der Hofeinfahrt, der zum Altenteil des Betriebs umgebaut wurde. Der daneben stehende Schuppen mit Abschleppdach wird nach wie vor als Garage und Abstellraum genutzt.

Bonmann

Bredenbeck bei Senden

Der frühere Schulte Bredenbeck in der gleichnamigen Bauerschaft bei Senden ging aus niederadeligem Besitz 1295 in die Hände des Klosters St. Aegidii in Münster, dem er bis zum Ende der Erbuntertänigkeit verbleiben sollte. Zwei Unterhöfe gehörten zum Schulten dazu, der nicht nur das Amt des Burrichters, sondern auch die Weideherrschaft über die Bredenbecker Heide innehatte. Als solcher erhielt er von jedem der Weidegenossen eine jährliche Abgabe von einem Huhn und fünf Eiern. Der Hof ist von seinen heutigen Besitzern in den letzten Jahren tatkräftig gesichert und renoviert worden. Den Hofplatz umgeben Gräften und alte Obstwiesen, aus denen der renovierte Giebel des stattlichen Vierständerhauses ragt. Die münsterländische Farbenlehre am Hause – grau verwittertes Fachwerk, rote Backsteine, weiße Fensterrahmen, grüne Klappen und ein rotes Pfannendach – ist hier besonders schön erhalten und beachtet.

Ein Blick in die Flettküche

Gusseiserne Platte am offenen Kamin mit Anbetung der Heiligen Drei Könige.

Der Hof Bonmann, der alte Schultenhof von Bredenbeck, ist nach aufwändiger Renovierung wieder ein Schmuckstück.

Erkenbölling

Bredenbeck bei Senden

Roggenbach, Helmerbach und Stever fließen dicht benachbart durch die Niederungen der Bauerschaft Bredenbeck und versorgen hier die Gräftenhöfe. Der Hof Erkenbölling am Helmerbach zeichnet sich zudem durch einen schönen Grünrahmen aus, der die Häusergruppe gerade aus der Fernsicht malerisch fasst. Der Hof ist im Besitz des Bischofs von Münster, der ihn jedoch im 14. und 15. Jahrhundert als Ministeriallehen an die Herren von Kerckering ausgegeben hat. Zwei Zehnte hatte der Hof zu geben, einen an Schulte Höping als bischöflichen Hof, einen weiteren an das Aegidii-Kloster in Münster. Bis heute zeichnet sich Erkenbölling durch Lage und Größe als typischer Einzelhof in einer gewässerreichen Bauerschaft aus.

Blick auf den erweiterten Wohntrakt

In der Flettküche des Hofes Erkenbölling

Ein im Schatten einer uralten Buche gelegenes Dreiständerhaus von 1755 mit Kübbungsanbauten (aus der Nähe von Sythen)

Haus Klein Schonebeck

Wierling

Ein bauliches Kleinod ist dieser schon 1398 nachgewiesene Hof.

Die beiden unmittelbar benachbarten Häuser Schonebeck in der Bauerschaft Wierling der Gemeinde Senden zählen seit der Kommunalreform 1975 zur Gemeinde Nottuln. Das alte Haus Wedeling, nach dem Flächenumfang eine der größten Wasseranlagen in Norddeutschland, trägt heute nach seiner Besitzerfamilie im Hochmittelalter den Namen Groß Schonebeck. Daher ist auch die Bezeichnung Klein Schonebeck für das 1398 so genannte Buschhues abgeleitet, denn 1398 war Gottschalk von Schonebeck Besitzer dieses Hofes. In demselben Jahr hatte er mit seinen zwei Brüdern Groß Schonebeck an das Domkapitel von Münster verkauft, dem es bis zur Säkularisierung gehören sollte (heute im Besitz des Herzogs von Croy). 1423 und 1436 heißt es von Dietrich von Schonebeck, er wohne auf dem freieigenen Hof Buschhues. Dieser wurde nun als kleinere Wasseranlage ausgebaut, ereichte aber wohl nie den Rang einer „Wasserburg" im eigentlichen Sinne. 1550 kam Klein Schonebeck durch Heirat an die Herren von Brabeck, 1656 an die Grafen von Westerholt. Diese Famlie bewohnt bis heute den markanten Hof, der unmittelbar an der Straße von Appelhülsen nach Senden liegt. Das Hauptgebäude von Klein Schonebeck war ausweislich der Urkatasterzeichnung noch zu Beginn des 19. Jahrhunderts fast ganz in die den Besitz umgebende Gräfte gestellt. Das Haus selbst mit seinen Staffelgiebeln wird um 1520 eingeordnet, während der Treppenturm etwas jünger ist und wahrscheinlich auf einen Umbau im Jahr 1587 zurückgeht. Diese Zahl findet sich auf dem Sturz über der Haustür. Markant sind die etwas schlicht wirkenden, über Eck gestellten Fialen. Der Ziegelbau ist vielfach durch Werkstein ergänzt und bietet mit seiner Durchfensterung, Taubenschlägen und Hängeabtritten über der heute verschütteten Gräfte ein lebhaftes Bild.

Der Eingang mit einem historisch interessanten Türsturz

Karthaus

Weddern bei Dülmen

Das Karthäuserkloster in Weddern bei Dülmen war die einzige Niederlassung dieses Ordens in Westfalen und wurde gegründet, nachdem 1476 der Erbmarschall von Kleve, Gerd von Keppel, aufgrund des Todes seines Sohnes die frühere Burg mitsamt dem Grundsbesitz Mönchen aus Wesel übergab. Es entstand bis in das 17. Jahrhundert hinein eine großzügige Klosteranlage mit den typischen Einzelhäuschen der Karthäuser, umgeben von Gräften und Teichen. Mit dem Reichsdeputationshauptschluss 1803 kam das Amt Dülmen an den Herzog von Croy, der die Karthause 1804 säkularisieren ließ. Die Wohngebäude der Mönche und die Gemeinschaftsräume des Konventes wurden bald abgerissen. Die Kirche blieb dem Gottesdienst der Bauerschaft und als Erbebegräbnis der Herzöge erhalten, während die Wirtschaftsgebäude, teils verändert, bis in die Gegenwart der Landwirtschaft dienen.

Das weitgehend historische Torhaus führt auf das Gelände der Karthause in Weddern.

Stallungen und Wirtschaftsgebäude der Domäne auf Karthaus

Dieses herrschaftlich geprägte Haus des 19. Jahrhunderts diente den herzoglichen Beamten und Verwaltern als Sitz.

Schulze Heiling

Daldrup bei Dülmen

Der Gräftenhof zeigt in seiner re-gelmäßigen Anlage mit dem alten Baubestand ein Bild der Lebens- und Wirtschaftsgewohnheiten im frühen 19. Jahrhundert des Münsterlandes. Das Haupthaus von 1821 verweist auf die Besonderheit einer vergleichsweise frühen Gestaltung der Außenmauern in Backstein mit Werksteingewänden. Diese Bauweise wurde bei Adelshöfen schon ab dem 17. Jahrhundert (vgl. Hs. Byink), bei bäuerlichen Bauten vereinzelt im 18. und frühen 19. Jahrhundert eingesetzt. Bei den meisten Bauernhöfen wurde die Fachwerkbauweise bis zur Mitte des 19. Jahrhunderts beibehalten. Die Doppeltorscheune aus der ersten Hälfte des 19. Jahrhunderts liegt quer vor dem Innenhofplatz und ist mit einer Durchfahrt auf das Deelentor des Haupthauses ausgerichtet. Beide Gebäude tragen einen knappen Krüppelwalm. Das Stallgebäude stammt aus dem Jahr 1816 und steht parallel zum Haupthaus. Wie bei alten Vorburganlagen liegt außerhalb der Gräfte eine mit Bohlen verkleidete Scheune – ein heute seltenes Exemplar der alten Holzbaukonstruktion. Der Garten zeigt eine historische Grundstruktur mit Wegekreuz-Aufteilung. Die Gräfte ist vollständig erhalten und ist der älteste Teil der Hofanlage – sie geht wohl auf eine mittelalterliche Verteidigungsanlage zurück.

Oben: Die seitliche Haustür zeigt klassizistische Elemente. Links: Das Torhaus mit der Doppelausführung der Durchfahrten – ein besonderes Exemplar seiner Gattung

Die linke Durchfahrt der Torscheune führt axial auf das Deelentor des Haupthauses zu.

Rentei

Davensberg

Eines der schönsten Gebäude auf der ehemaligen Freiheit der Landesburg Davensberg ist die an der Burgstraße gelegene ehemalige Rentei, auch „Altes Forsthaus" oder „Oberjägerhaus" genannt. Die Baugeschichte ist leider unklar, obwohl das Haus die Bautradition des 18. Jahrhunderts in Westfalen nahezu makellos aufgreift. Kennzeichnend ist der Ring aus Ziegelsteinen, dessen Gliederung mit Tür- und Fensterlaibungen in Werkstein elegant unterstrichen wird. Die Doppelnutzung als Wohn- und Wirtschaftshaus wird durch die Querdeele in der linken Haushälfte betont, das Wappen über der Tür erinnert an die Jagdgerechtigkeit des Schlosses Nordkirchen, das seit dem 18. Jahrhundert Davensberg in seinem Besitz hatte. Das Krüppelwalmdach gibt die abschließend harmonische Form. Der wiederholt geübten Zuweisung ins 18. Jahrhundert und in die Verantwortung des Oberlandingenieurs J.C. Schlaun stehen Quellen entgegen, die die Errichtung der Rentei für die Jahre 1850/51 belegen. Ein solch „historistischer" Bau würde sich allerdings in die Baupolitik des Hauses Arenberg auf Nordkirchen durchaus einfügen. Dieses Gebäude sollte wohl dem beamteten Jäger in der wald- und wildreichen Davert einen angemessenen Status gegenüber der Landbevölkerung verleihen.

Die Detailansicht der mittig liegenden, wappenbekrönten Tür und der Fenster mit den Blendläden zeigt die typisch münsterländischen Farben.

Das „Alte Forsthaus" auf der Freiheit Davensberg greift charakteristische Formen des 18. Jahrhunderts auf, ist im Kern aber als gut nutzbares „Ackerbürgerhaus" gedacht.

Menschliche Figur in einer Klinkerfläche auf Haus Byink

Haus Byink

Davensberg

Das Torhaus von Haus Byink mit seiner rundbogigen Durchfahrt ist zur Feldseite noch mit zwei Tortürmen verstärkt.

Im Klinker gemauerte Jahreszahl am Bauhaus: 1558

Die Baulichkeiten von Haus Byink erschließen sich eindrucksvoll schon von der Landstraße Ascheberg-Ottmarsbocholt. Der stolze Besitz war im 15. Jahrhundert im Besitz der Herren von Ascheberg und kam nach zwei Erbfällen 1694 und 1780 in den Besitz der Familie von Beverfoerde. Das Herrenhaus aus der Zeit um 1550 ist untergegangen, so dass Haus Byink heute mit seinem Torhaus von 1561 und vor allem mit dem Bauhaus aus dem Jahre 1558 zu glänzen vermag. Beide Gebäude sind Musterbeispiele von Ziegelbauten mit münsterländischen Schauwänden, die durch Werksteinelemente betont gegliedert sind. Die Giebel werden durch fächergefüllte Halbkreisaufsätze mit Kugelbesatz bekrönt. Bunt glasierte Ziegel, die in Mustern und Bildern vermauert sind, bilden den besonderen Schmuck von Haus Byink. So sind auf den großen Wandflächen Umrissbilder von Männern, Rautenmuster und Jahreszahlen zu entdecken.

Die „Hofseite" des Bauhauses

Das Bauhaus mit Blick auf die „Gartenseite"

Haus Romberg

Davensberg

Das Haus wird am Ende des 15. Jahrhunderts von der Familie von der Leyhte bewohnt und wandert im 16. Jahrhundert durch verschiedene Hände, um endlich wie Haus Bisping im Kirchspiel Rinkerode an die Familie von Galen zu gelangen. Ihr entstammt der spätere Fürstbischof von Münster, Christoph Bernhard von Galen (1609–1678). Die Familie bevorzugte allerdings Haus Bisping, so dass Haus Romberg Pachtgut wurde. Dennoch hatte es bis in das 20. Jahrhundert hinein eine regelmäßige Wasseranlage mit großer Zentralinsel und einer regelmäßig umlaufenden Gräfte. Das Herrenhaus ist im Kern ein Renaissancebau, wurde aber im 19. Jahrhundert weitgehend erneuert. Das Torhaus ist noch heute mit Schießscharten versehen und trägt das Wappen derer von Galen sowie die Jahreszahl 1618.

Hof Schulte Steinhorst gen. Pellengahr

In der Osterbauerschaft bei Ascheberg

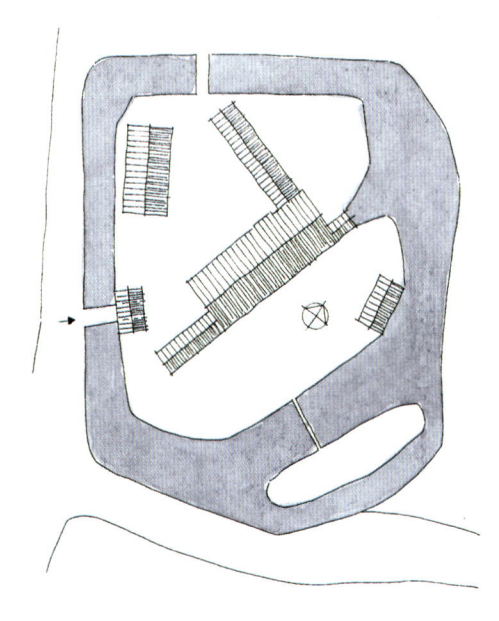

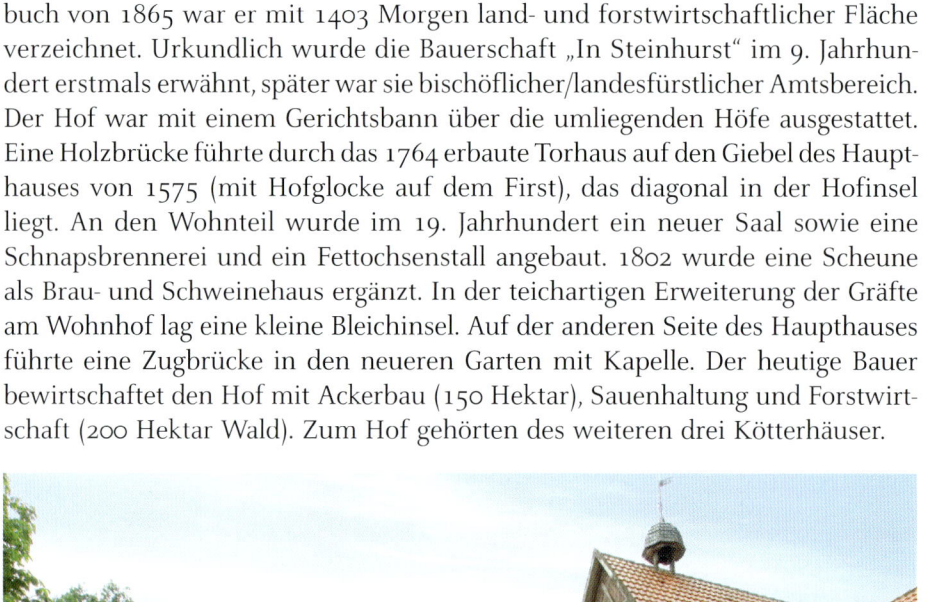

Dieser alte Gräftenhof in der Kulturlandschaft der Davert galt in der Historie des Münsterlandes als einer der größten Schultenhöfe. Schon im Flurbuch von 1865 war er mit 1403 Morgen land- und forstwirtschaftlicher Fläche verzeichnet. Urkundlich wurde die Bauerschaft „In Steinhurst" im 9. Jahrhundert erstmals erwähnt, später war sie bischöflicher/landesfürstlicher Amtsbereich. Der Hof war mit einem Gerichtsbann über die umliegenden Höfe ausgestattet. Eine Holzbrücke führte durch das 1764 erbaute Torhaus auf den Giebel des Haupthauses von 1575 (mit Hofglocke auf dem First), das diagonal in der Hofinsel liegt. An den Wohnteil wurde im 19. Jahrhundert ein neuer Saal sowie eine Schnapsbrennerei und ein Fettochsenstall angebaut. 1802 wurde eine Scheune als Brau- und Schweinehaus ergänzt. In der teichartigen Erweiterung der Gräfte am Wohnhof lag eine kleine Bleichinsel. Auf der anderen Seite des Haupthauses führte eine Zugbrücke in den neueren Garten mit Kapelle. Der heutige Bauer bewirtschaftet den Hof mit Ackerbau (150 Hektar), Sauenhaltung und Forstwirtschaft (200 Hektar Wald). Zum Hof gehörten des weiteren drei Kötterhäuser.

Der Lageplan veranschaulicht die diagonal ausgerichtete Hofanlage mit Bleichinsel in der früher erweiterten Gräfte.

Das ehemalige Torhaus an der Gräfte – erbaut 1764 – wurde später beidseitig verlängert und erhielt Krüppelwalme.

Die vordere Hofanlage heute: links das Torhaus, rechts das Haupthaus von 1575 – der Giebel wurde 1930 restauriert – und im Hintergrund die Stallscheune

Diese Skizze zeigt Hofeingang, Brücke, Torhaus, Haupthausgiebel und den später abgerissenen Pferdestall im Zustand um 1936.

Wirtschaftshof mit Haupthaus und an den Wohnteil angebautem ehemaligen Saalgebäude, links das Tor zur vor kurzem restaurierten Scheune

Die alte Flettküche mit Herdfeuer von 1575 (Doppelkamin für Küche und Saal, zu dem die Treppe hinaufführte)

Der 1802 errichtete Schuppen (Scheune) mit Backraum, Brauhaus und Schweinestall dient heute zur Ferkelaufzucht

Links:
Die Kapelle im neueren Garten aus dem 19. Jahrhundert, früher vom Hof aus mit Zugbrücke über die Gräfte

Rechts:
Die später seitlich an das Haupthaus angebaute Stallscheune

KREIS COESFELD 181

Bauhaus Burg Lüdinghausen

Lüdinghausen

Die Wasserburg der Herren von Lüdinghausen lag wohl schon im 11. Jahrhundert an dieser Stelle, wurde allerdings erst 1271 genannt. 1509 kam der Besitz an das Domkapitel von Münster, das es bis zur Säkularisation als Amtshaus nutzte. Nach einem Brand im Jahre 1568 erfolgte zwischen 1569 und 1573 ein Neubau im Wesentlichen auf den alten Fundamenten. In klassischer Abfolge lag der Wirtschaftshof auf der Vorburg. Das hier 1569 errichtete Bauhaus mit seinem Dreistaffelgiebel wurde im 19. Jahrhundert bis auf die ebenmäßig strukturierte Giebelwand erneuert. Diese zeigt mit fächergefüllten und kugelgeschmückten Halbkreisaufsätzen typische Formen der Renaissance. Burg Lüdinghausen wurde im 19. Jahrhundert Landwirtschaftsschule und dient heute als Kulturzentrum und Bildungseinrichtung.

Der Wirtschaftshof von Burg Vischering
Lüdinghausen

Burg Vischering bei Lüdinghausen gilt mit Recht als „eine der bedeutendsten und ältesten Wasserburgen Westfalens, in ihrer Geschlossenheit (ist) noch der wehrhafte Charakter der Gründungsanlage zu erkennen." (Dehio) Die fast kreisrunde Hauptburg, eine sogenannte Ringmantelburg, liegt im selben Teich wie die trapezförmige Vorburg, die den zum Besitz gehörenden Wirtschaftsteil aufzunehmen hatte. Auch ihre Gebäude ragen unmittelbar aus den Gräften, die von der Stever gespeist werden, empor. Ein Zugang ist nur über Brücken möglich. Das Bauhaus von 1584 dominiert die Vorburg. Sein schlichter Giebel ist in Bruchstein errichtet, die Wände sind aus Fachwerk. Unmittelbar an das Bauhaus schließt sich ein zweiflügeliges Wirtschaftsgebäude mit Schießscharten an, das auf 1720 datierbar ist, aber wohl ältere Vorgänger hat. Burg Vischering ist von der Familie Graf Droste zu Vischering, Erbdroste langfristig an den Kreis Coesfeld verpachtet. Das Bauhaus birgt und präsentiert heute die volkskundliche Sammlung des Münsterlandmuseums.

Die Vorburg von Vischering bei Lüdinghausen ist schon eine kleine Wehranlage in sich. Selbstverständlich waren auch Wirtschaft, Vieh und Vorräte zu verteidigen.

Blick über die Vorburg auf den Giebel des Bauhauses von 1584

Die zwei Flügel des Wirtschaftsgebäudes aus dem Jahre 1720

Hof Selhorst

Forsthövel/Herbern

Unter dem Namen Selihurst (9. Jahrhundert), Zellhorst bis hin zu Selhorst entwickelte sich der schon damals freie Hof in zeitweiligen Konflikten mit dem Kloster Werden in Essen. 1775 werden die nach einem Brand 1750/53 abhanden gekommenen urkundlichen Unterlagen gerichtlich bestätigt. Eine alte Standuhr in der Flettküche trägt das Jahr 1755. Das heutige Haupthaus von 1832 steht in der Nachfolge der am 16.11.1826 und auch im Jahr 1832 abgebrannten Vorgänger. Bei beiden Bränden vermutet man Unachtsamkeit der Knechte in ihren Kammern über den Pferdeställen. Die alten Möbel konnten jedesmal gerettet werden. Der Speicher stammt aus dem Jahr 1877, die Scheune von 1929 (zuerst als sogenanntes Misthaus). 1949 wurde das Dach neu daraufgesetzt und nahm dann unter anderem eine Melkerwohnung auf. Heute dient die Scheune als Pferdestall. Ackerbau und Schweinemast bilden die Schwerpunkte des Betriebes, auf dem die eigene Futtergrundlage erwirtschaftet wird.

Die im Originalstil wieder eingerichtete Flettküche als Diele mit Herdfeuer und den alten Möbeln

Ein zur Terrassentür verlängertes „münsterländisches" Sprossenfenster

Der alte Hofspeicher von 1877 – ebenfalls instandgehalten und genutzt

Das nach erneutem Brand im Jahr 1992 zum Wohnen wiederaufgebaute Haupthaus

Münster

Es mag verwundern, dass die Großstadt Münster mit einem eigenen Kapitel in einem Buch über schöne Höfe im Münsterland vertreten ist. Dieser Umstand ist natürlich weitgehend der Kommunalreform geschuldet, in der im Jahre 1975 die Stadt sich große Teile des alten Umlandkreises Münster-Land einverleibt hat und mit diesen Landgemeinden viele Bauerschaften und eine Reihe beachtlicher Höfe. Jedoch sollte man nie die ohnehin enge Verbindung übersehen, die über Jahrhunderte zwischen Münster und seinem Umland bestanden hat und auch heute noch vielfach fortbesteht. Vielfach besaßen die Familien des Stadtadels oder des aufkommenden Bürgertums Höfe in den umliegenden Dörfern und Bauerschaften, wo sie sich auf eine intensive landwirtschaftliche Produktion konzentrierten. Münster war nicht nur der wichtigste Absatzmarkt seines Umlandes, sondern in vielfacher Hinsicht ein Zentrum der Landwirtschaft. Hier traf und trifft man sich zu Märkten, Messen und Versteigerungen, hier saßen und sitzen die Behörden, Verbände und Versicherungen, hier entstand und arbeitet die landwirtschaftliche Fachpresse.

Die Nähe der Stadt hatte natürlich auch kulturelle Folgen. Im engeren Umland Münsters waren speziell die wirtschaftlich stärkeren Höfe deutlich städtisch orientiert und immer eher bereit, Reformen und Neuerungen einzuführen. Andererseits war sich die Stadt immer des ländlichen Umfeldes bewusst. Man sprach hier wie dort dieselbe Sprache, das Plattdeutsche, begegnete sich z.B. auf dem Wochenmarkt oder bei Landpartien und hatte ein klares Bild von den Verhältnissen in den Bauerschaften.

Teils war dieses Bild sogar verklärt. Als im Jahre 1817 der Kronprinz und spätere König Friedrich Wilhelm IV. von Preußen Münster einen Besuch abstattet, möchte er unbedingt einen münsterländischen Bauernhof sehen. Mit dem Oberpräsidenten Vincke und der gesamten prinzlichen Entourage starten seine Hoheit zu einem Ausflug aufs Land auf den Hof Schulze Dieckhoff am Max-Clemens-Kanal. Dort wird auf der Tenne geschmaust und getrunken, in Hof, Garten und Wiese wird gescherzt und gespielt. Seine Hoheit geruhen, den Hofherren als „lieber Freund" anzureden. Das ländliche Leben wird bukolisch überhöht, der harte Alltag geflissentlich übersehen. Der Besuch des Kronprinzen bleibt ein Einzelfall, auch wenn er noch nach Jahrzehnten im Gedächtnis ist.

Die enge Verbindung Münsters zu seinem Umland ist geblieben, wenn auch die landwirtschaftliche Sicht dieser Beziehung so abgenommen hat, wie das Land mit Technisierung und wirtschaftlichem Wandel städtische Züge gewann.

Haus Brock

Münster-Roxel

Fast unmittelbar an der Grenze zum Kreis Coesfeld und etwa zehn Kilometer Luftlinie vom Zenrum Münster entfernt liegt Haus Brock inmitten der Kämpe und Wälder seiner gleichnamigen Bauerschaft. Die kleine Wasserburg mit teils erhaltener Gräfte war lange im Besitz münsterischer Stadtadeliger und diente damit der Versorgung des städtischen Haushaltes und Marktes. 1529 ging sie von der Familie Travelmann an die Familie Stevening, 1645 an Lambert von Bock, 1677 an Kerckerinck zu Stapel, 1859 endlich an Droste zu Hülshoff. Heute ist Haus Brock in Besitz der Familie Heitplatz. Erhalten ist vom Herrenhaus nur ein Eckpavillon der Südseite, der aber mit seinem mächtigen Staffelgiebel aus Baumberger Sandstein durchaus landschaftsprägend wirkt. In dem zweigeschossigen Bau sind zwei Wappen-Kamine aus dem Jahre 1632 eingebaut. Aus demselben Jahr stammt wohl das Torhaus, das in mehrfacher Funktion als Back- und Brauhaus diente und in landestypischer Manier in Backstein mit Hausteingliederung errichtet ist.

Fast wie ein turmartiger Spieker ragt der Rest des Herrenhauses von Haus Brock aus der Hofstelle und den umliegenden Kämpen hervor.

Das Torhaus mit seiner rundbogigen Einfahrt wurde als Speicher, Back- und Brauhaus verwendet.

Haus Vögeding

Schonebeck bei Münster-Nienberge

Der stattliche Hof in der Bauerschaft Schonebeck gehörte über Jahrhunderte zu Haus Hülshoff, dem Stammsitz der von Droste zu Hülshoff und ist heute im Besitz der Familie Weissen, die das Haus nach einem Brand 1969 in Abstimmung mit der Denkmalpflege wieder errichtet und heutigen Erfordernissen angepasst hat. Haus Vögeding hat viele kriegerische Ereignisse gesehen, vor allem diente es während der Belagerung der täuferischen Stadt Münster 1533/34 als Standquartier der Reiterei. Der Kernbestand des heutigen Hauses dürfte aus der Mitte des 16. Jahrhunderts stammen. Von der Gesamtanlage ist nur ein Längsbau erhalten. Ein Parallelbau, der mit zwei Verbindungsmauern zum erhaltenen Haus ein großes Bauquadrat mit beachtlicher Hoffläche bildete, ist schon im 19. Jahrhundert verschwunden. Der erhaltene Bau mit seinem Rundturm über der Gräfte besticht durch seine ausgezeichnete, horizontale Renaissancegliederung, weist aber auch noch einige gotische Formen auf. Haus Vögeding war übrigens ein beliebter Aufenthaltsort der Annette von Droste-Hülshoff, die hier auf dem Fußweg zwischen dem Haus Rüschhaus und ihrem Elternhaus gerne eine Rast einlegte. Mit seiner dominanten Lage oberhalb der Aa trägt Vögeding besonders zum Landschaftsbild bei.

Der Giebel von Haus Vögeding in seiner heutigen Gestalt

Der alte Eckturm über der Gräfte. Ein Fenster ist aus dem Jahre 1558 datiert.

Haus Rüschhaus

Schonebeck bei Münster-Nienberge

Was hat der Wohnsitz der größten Dichterin deutscher Sprache, der Annette von Droste-Hülshoff (1797–1848), zugleich das Landhaus des bedeutenden Barockbaumeisters Johann Conrad Schlaun (1695–1773), in einem Buch über schöne Bauernhöfe zu suchen? Ist es nicht ein herrschaftliches Anwesen, dem man sich über die Allee nähert? Auf der verneigt sich auch noch ein moderner Stahlquader vor traditioneller Architektur. Die Skulptur von Richard Serra (* 1939) „aus massivem, wetterfesten Corten-Stahl wiegt 40 Tonnen. Sie ist zwei Meter hoch, eineinhalb Meter breit und eineinhalb Meter tief. Die Maße sind abgeleitet vom Hauptgebäude des Rüschhauses. Neigung und abgestimmte Quadergröße streben einen Dialog mit dem Gebäude des Barockarchitekten Johann Conrad Schlaun an." Klassik und Moderne gehen in Rüschhaus schon immer eine stetige Verbindung ein, so wie seit dem 18. Jahrhundert bäuerliches Wirtschaften, „ländliches Verlustiren" und zeitgemäßer Luxus; sie wollte der Bauherr und zugleich Architekt auf seinem Landgut in einem Miteinander realisiert sehen. 1743 kaufte Schlaun das Landgut mit dem Hof Große Wiedemann, fünf Kotten und allem Land- und Waldbesitz von der Familie von Plettenberg-Lenhausen. Die hatten es erst 1729 von der Familie von der Wyck, Besitzer seit dem 16. Jahrhundert, durch Kauf erworben. Schlaun überzog seinen neuen Besitz mit einer konsequenten, axialen Planung. Die neue Allee führt auf den Hofplatz und mittig durch die Tenne bis an den Herd. Die sogenannten Kavaliershäuschen rechts und links – tatsächlich nehmen sie Ställe und Back- und Brauhaus auf – ordnen sich durch ihre Größe dem Haupthaus unter, greifen aber dessen Formensprache auf. Die ist abgeleitet von den italienischen Erfahrungen des Bauherren und finden ihre Entsprechung durchaus in der Sakralarchitektur des Meisters und der Zeit. Das Haupthaus folgt in seinen Proportionen einem klassischen Vierständerhaus und mehr als einmal ist darauf verwiesen worden, dass Schlaun hier wahrscheinlich seine Kindheitserfahrungen im Elternhaus in Nörde bei Warburg verarbeitet hat. Auf die Deele mit Kuh – und Pferdestall unter Hillen folgt die große Wirtschaftsküche, in der geschlachtet, gesotten und gebraten wurde. Dieser Raum ist Herz des Hauses, das sich in weiterer Entwicklung nun herrschaftlich entfaltet. Der Gartensaal und das Schlafzimmer des Hausherren – Haupträume im „Kammerfach" – spiegeln Luxus und Gestaltungsfreude der Entstehungszeit. Über die Treppe an der prächtigen Nordfront geht es hinab in den Barockgarten. Hier wird nur wenig vom Bauernhof spürbar, man bewegt sich im Idyll eines barocken Landsitzes.

Die Nordfront öffnet sich zum barock gegliederten Garten.

Der Garten von Rüschhaus wurde 1984/85 in die von Schlaun geplanten Formen und Beetteilungen zurückgeführt. Das Gewächshaus der Familie Droste-Hülshoff, Annette und Jenny waren große Blumenfreundinnen und -züchterinnen, blieb erhalten.

Die große Küche in Rüschhaus hat bis heute ihren Charakter als Hauptarbeitsraum des Hauses bewahrt. Die erste Tür links führt als sogenanntes Dégagement (diskreter Bedienergang) zu Gartensaal und Schlafzimmer des Hausherren. Die folgende Tür führt in den Keller.

Die Allee fasst den Blick auf den Südgiebel von Haus Rüschhaus, ein Hof in der Kubatur eines westfälischen Vierständerhauses und doch mit italienischer Formensprache.

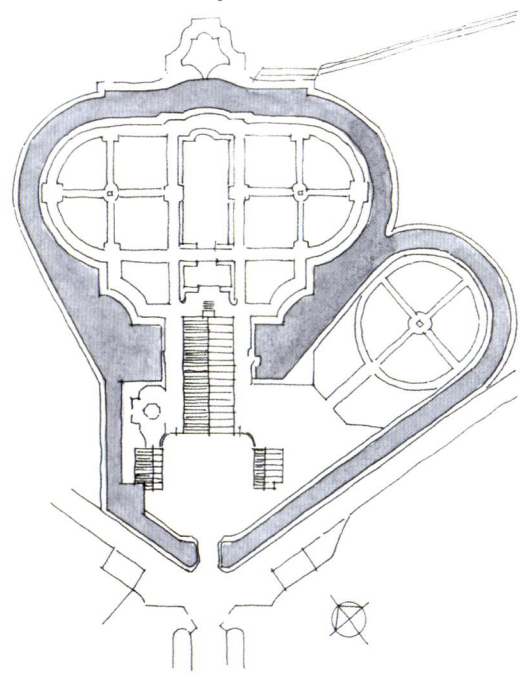

Es ist diese Zweipoligkeit, die Rüschhaus im besten Sinne so „eigenartig" und unverwechselbar macht. 1825 bezieht Annette von Droste-Hülshoff gemeinsam mit der Mutter und der Schwester diesen stillen und abgelegenen „Witwensitz". Hier entstehen die meisten ihrer großen Werke, hier lebt sie ein über lange Phasen abgeschiedenes und einsames Leben, das vom Wirtschaften im ländlichen Jahresablauf geprägt war. Ihre Briefe und Berichte spiegeln das immer wieder. Am Herde spricht sie mit ihrer Amme, natürlich spricht man Plattdeutsch. Die Pflasterung auf dem Hof erinnert bis heute daran, dass dort Platz für zwei große Mistfalte war, die früher landesweit als Ausweis bäuerlicher Arbeitsqualität angesehen wurden und durchaus den Stolz des Landwirtes darstellen konnten. Annettes Wohn- und Arbeitsräume liegen auf der Hille unmittelbar über den Ställen. Ihr „Schneckenhaus" hat Bretterböden. Glückliche Umstände haben Rüschhaus weitgehend unverändert bis in unsere Zeit bewahrt, nur die beiden zum Hof gehörigen Scheunen nahe der Allee und der Gräfte sind im Laufe der Zeit abgerissen worden. Sie haben einst den ländlichen Charakter der Hofseite noch unterstrichen. Der Katalog des Schlaun'schen Gesamtwerkes kommt 1995 zu dem Resümee: „Rüschhaus ist letzten Endes ein Künstlerhaus mit den Funktionen eines Bauernhofes und einer Villa suburbana."

Gut Vorberg

Münster-Nienberge

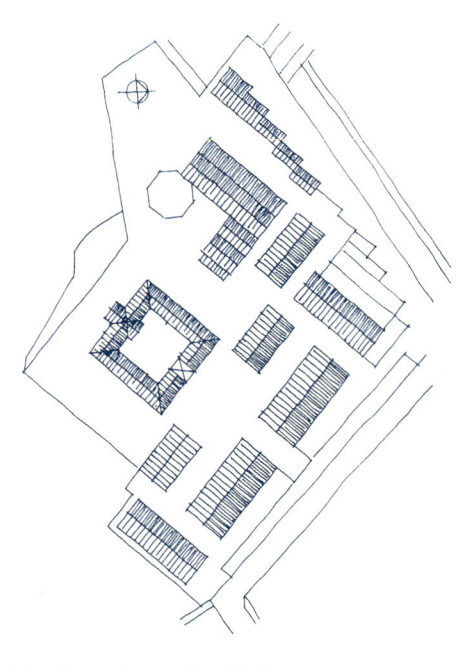

Der alte Hof Vorberg aus dem 18. Jahrhundert war baufällig geworden und musste Ende der 80er Jahre abgerissen werden. Direkt neben der alten Hofstelle wurde 1988 eine großzügige Neuplanung verwirklicht – ein moderner Rinderzucht- und Mastbetrieb für 450 bis 500 Limousin-Rinder. Die Fleischrinder laufen, soweit wie möglich, auf den Grünlandflächen. Das Futter kommt ausschließlich aus dem eigenen Betrieb. Darüber hinaus wird – mehr aus Neigung – eine kleine Pferdezucht (Friesen) betrieben. Diese bemerkenswerte, auch ökologisch interessante Initiative moderner Landwirtschaft ging von Martin Leicht aus, einer tatkräftigen und beherzten Persönlichkeit, die auf vielen Feldern unternehmerisch und politisch tätig war. Leider verstarb Martin Leicht 1998 im Alter von nur 58 Jahren; er vermachte aber zuvor den größten Teil seines Vermögens der Stiftung „Westfalen-Initiative für Eigenverantwortung und Gemeinwohl", die auch das Gut Vorberg verwaltet. Der Stifter war nicht nur ein überzeugter Westfale, sondern auch überzeugter Europäer und ein großer Anhänger der Idee eines „Europa der Regionen" wie des Subsidiaritätsprinzips. Er wollte mit seiner Stiftung Westfalen seinen Platz im künftigen „Europa der Regionen" sichern und darüber hinaus die Eigeninitiative der Menschen in der Region selbst fördern.

Der Lageplan zeigt die konsequente Gebäudestellung nach betriebs- und arbeitswirtschaftlichen Erfordernissen.

Das Gut Vorberg liegt an Vorbergs Hügel, einem Ausläufer der Altenberger Höhen.

Die Gesamtanlage mit dem Wohnhauskomplex fügt sich in einheitlicher Architektursprache harmonisch in die Landschaft ein.

Der Gemüsegarten ist durchgängig in Hochbeetform angelegt.

Die Stallgebäude sind funktionell ausgerichtet und zeigen eine gestalterische Konsequenz bis ins Detail.

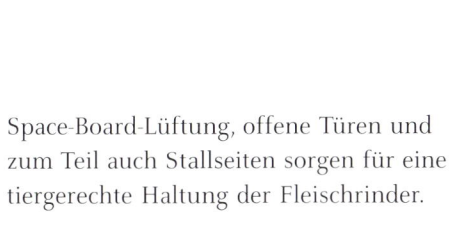

Space-Board-Lüftung, offene Türen und zum Teil auch Stallseiten sorgen für eine tiergerechte Haltung der Fleischrinder.

Als Hobby werden Friesen gezüchtet – hier ein Blick in die Paddocks und dahinter die offenen Laufställe.

Schulze Relau

Kinderhaus

Die Autobahn Hansalinie hat seit den 1960er Jahren den alten Hof Schulze Relau von seinen Zusammenhängen nach Nienberge und Häger etwas abgeschnitten und näher an den wachsenden Stadtteil Münster-Kinderhaus gerückt. Das alte Haupthaus des Hofes aus dem Jahre 1739 bietet heute einem Bauernhaus-Café Raum, wo sich auf der Tenne, in der Flettküche oder auf dem Saal größere oder kleinere Gruppen begegnen können.

Haus Coerde

Coerde wird bereit im 11. Jahrhundert im Rahmen einer geplanten Pfarrgründung erwähnt, die aber nicht realisiert werden konnte. Haus Coerde selbst wurde mit seinen umgebenden Besitztümern und Unterhöfen im Jahre 1123 dem neu gegründeten Prämonstratenserkloster auf Cappenberg geschenkt und verblieb bei ihm bis zur Säkularisation. Im Jahre 1802 fiel Cappenberg mit seinem gesamten Besitz an das Königreich Preußen und wurde mit damals 412 Morgen Land verschiedentlich verpachtet. 1827 kam der Besitz käuflich an die Familie Vrede; 1937 erwarb die Stadt Münster das Gut, da sie an weiterem Erwerb von Ländereien für die Rieselfelder interessiert war, angesichts der schnell wachsenden Bevölkerung eine wichtige ökologische Aufgabe. Damals konnte niemand ahnen, dass aus dieser Entsorgungsanlage einer Großstadt eines der wichtigsten Vogelreservate in Norddeutschland werden sollte. Der landwirtschaftliche Betrieb wurde weiter verpachtet und genutzt; seit 1987 führt die Stadtverwaltung Münster Haus Coerde selbst als Betriebshof des Amtes für Grünflächen und Umweltschutz. Werkstätten und Depots für die Gärten und Parks sind hier zentral zusammen gefasst.

Auch Haus Coerde wurde im 19. Jahrhundert um eine Stadtvilla als Wohnhaus erweitert.

Ein Wirtschaftsgebäude des 19. Jahrhunderts mit schönen Sandsteinbogen-Fenstern beherbergt heute Wohnungen.

Sandsteinzier und Bildstock (rechte Seite) bei Haus Coerde

WACHET UND BETET DENN IHR
WISSET WEDER DEN TAG NOCH
DIE STUNDE
VATER WENN ES MOEGLICH IST
SO LASSE DIESEN KELCH AN MIR
VORUEBERGEHEN DOCH NICHT MEIN
SONDERN DEIN WILLE GESCHEHE

Gut Havichhorst

Dorbaum bei Münster-Handorf

Der Hof Havichhorst wird erstmals 1032 in einer Urkunde des Bischofs Siegfried von Münster gesichert erwähnt. Der Besitz war bis zur Säkularisation dem Domkapitel eigen und ging dann an die preußische Domänenverwaltung über. 1831 führte der damalige Wehrfester Hovestadt durch Ablösung der Dienste und Lasten den Hof in Familienbesitz über. Danach wurde noch mehr als 150 Jahre hier Landwirtschaft betrieben, zudem eine eigene Brennerei geführt. 1995 wurde Gut Havichhorst durch die „Gemeinnützige Stiftung Westfälische Landschaft" in Erbpacht übernommen und umfassend renoviert. Heute dient es als modernes Seminar- und Tagungszentrum. 1841 errichtete die Familie Hovestadt das eingeschossige Gutshaus, das noch den klassischen Bauformen Westfalens folgt, um 1876 jedoch um das zweigeschossige Querhaus ergänzt wurde. Die Baugruppe insgesamt, Gutshaus, Brennerei und Ökonomiegebäude, hebt sich durch einheitlichen hellen Putz und einheitliche Gestaltung des Bauschmucks markant aus der Umgebung hervor. Schon die Anfahrt über eine lange Allee weckt Erwartungen. An der westlichen Hauptzufahrt zum Gut findet sich eine repräsentative Toranlage, neben der ein barocker Bildstock aus dem Jahre 1746 aufgestellt ist. Die ausgedehnten Stallungen und Wirtschaftsgebäude werden von der Westfälischen Reit- und Fahrschule genutzt. Die gepflegten Gartenanlagen, teils noch von Resten einer Gräfte umgeben, und einige schöne Hofbäume geben Haus Havichhorst einen herrschaftlichen Anstrich.

Historische Bauformen prägen die Details an den Gebäuden von Gut Havichhorst, der markante weiße Putz hebt das Anwesen aus seiner grünen Umgebung hervor.

Das Haupthaus von Gut Havichhorst, abseits der Stadt und in ruhiger Umgebung gelegen, dient heute der Universität Münster und vielen Firmen und Verbänden als Tagungs- und Kongresszentrum.

Schulze Leusing

Münster-Handorf

Seit 1988 hat der alte Hof links der Werse die Landwirtschaft eingestellt. Ein bemerkenswerter und vieldiskutierter Betriebszweig wurde die Gründung und Unterhaltung eines Kleintierfriedhofs, wo die besten Freunde der Menschen ihre letzte Ruhestätte finden können. Der Hof, umgeben von altem Baumbestand, zeichnet sich durch eine sehr gepflegte Umgebung mit eigenem Hofteich und Gärten aus. Das Haupthaus wurde deutlich modernisiert, ein Speicher des 19. Jahrhunderts wurde ebenfalls zu Wohnzwecken renoviert und bildet heute den Auftakt der schönen Hofanlage.

Haupthaus (unten) und Speicher (oben) des Hofes Schulze Leusing links der Werse bei Handorf

Haus Dyckburg

Münster-Handorf

Der Giebel des südlichen Flügelbaus

Der Eingangsbereich des nördlichen Wirtschaftsbaus

Die Dyckburg bei Handorf ist bereits im 16. Jahrhundert belegt und wurde im Jahre 1722 von dem Domherren Christian von Plettenberg-Marhülsen käuflich erworben. Der Käufer war zu dieser Zeit Repräsentant des Domkapitels, 1732 wurde er Dompropst und war damit in Münster residenzpflichtig. Somit dürfte der etwa 1735 begonnene Umbau, den der Besitzer (natürlich) Johann Conrad Schlaun, dem Architekten des Landesherren Fürstbischof Clemens August von Wittelsbach, anvertraute, das Ziel gehabt haben, einen stadtnahen, repräsentativen Landsitz zu bekommen. Schlaun entwarf auf der von Gräften geformten, unregelmäßigen Insel, die er vorfand, ein axiales Gliederungssystem, das über Brücken und durch verengende Tor- und Mauernsysteme auf einen repräsentativen Hof führte, der rechts und links von zwei stattlichen Wirtschaftsgebäuden gefasst werden sollte. Im Hintergrund hatte der Architekt ein Landhaus geplant, das in bescheidenem Rahmen den Gesetzen der „Maison de plaisance", des ländlichen Lusthauses französischer Prägung, verpflichtet sein sollte. Beiderseits der Achse und in ihrer Linie hinter dem Herrenhaus wurden Lust- und Nutzgärten geplant. Von vornherein war eine kleine Kapelle für den geistlichen Hausherren im Stile der Casa Santa aus Loreto vorgesehen. Der Plan insgesamt wurde nie komplett verwirklicht. Nur die Wirtschaftsgebäude wurden errichtet, die Kapelle rechts am Hof gebaut, wo sie bis heute den Eingang der erweiterten neobarocken Kirche bildet. Wahrscheinlich hat der Bauherr im Wohnteil des nördlichen großen Wirtschaftsgebäudes seine Wohnung für die ländlichen Aufenthalte gefunden. Am Geld hat es nicht gelegen, dass dem Münsterland ein raffiniertes kleines Herrenhaus entgangen ist: Von Plettenberg-Marhülsen verstarb 1752 unter Hinterlassung eines großen Vermögens.

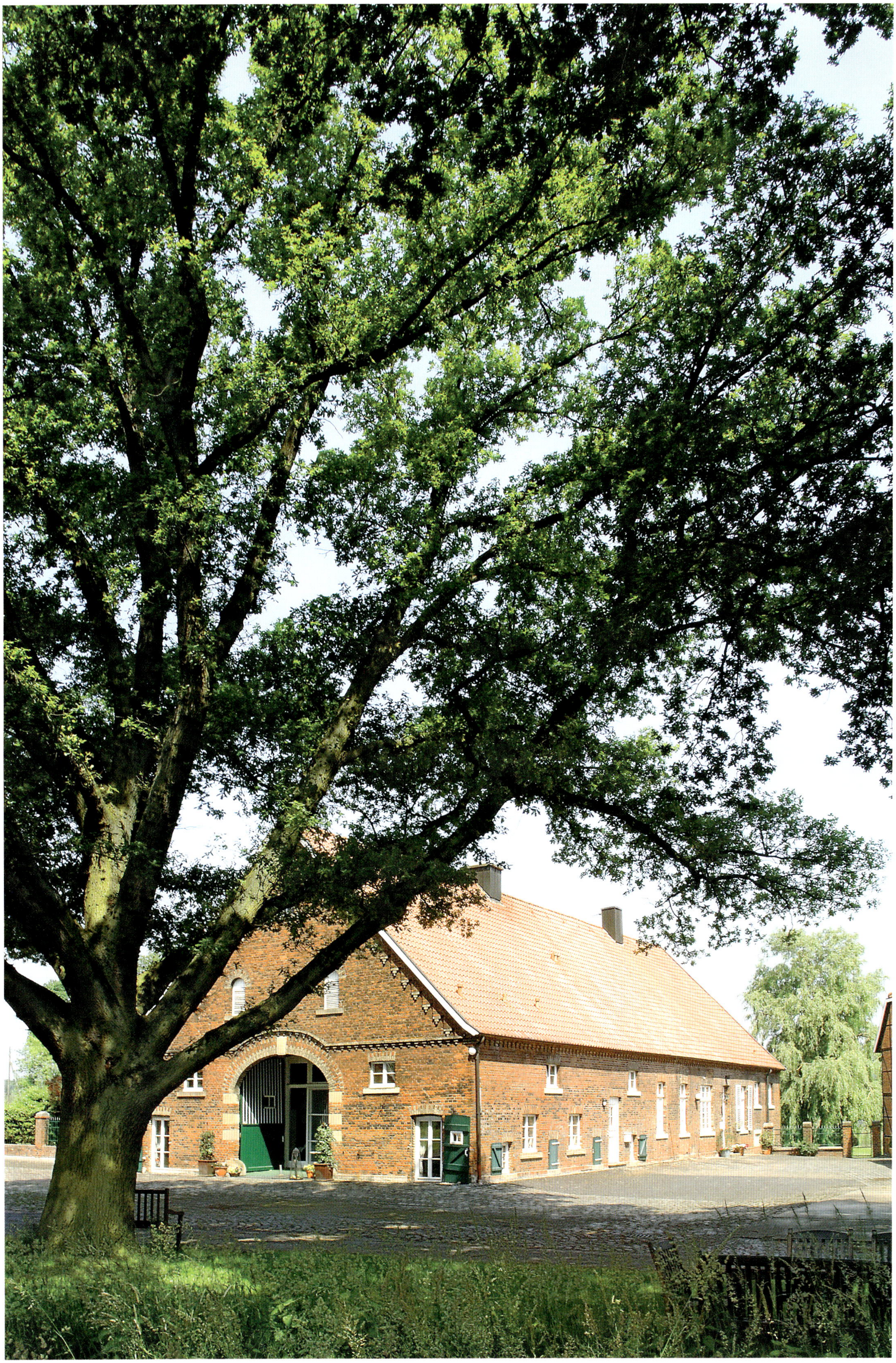

Haus Reithaus

Wolbeck

Der ansehnliche Hof mit seiner alten Bausubstanz gehört zu den wenigen Anwesen dieser Art, die über Jahrhunderte immer „nur" als Pachthof ausgegeben waren. Hintergrund ist, dass Reithaus nachweisbar seit dem 17. Jahrhundert münsterischen Beamten-Familien gehörte, die sich der Jurisprudenz in Verwaltung und Gerichten verpflichtet hatten. Der Hof seitab der Stadt diente mithin der wirtschaftlichen Versorgung des städtischen Haushaltes und vielleicht sommerlicher Erholung. Hatte im 16. Jahrhundert die Familie von Ruer Reithaus unter sich, wird zwischen 1650 und 1770 die Familie Schreiber genannt, Kanzleidirektoren offensichtlich über mehrere Generationen. Im Erbgang kommt der Wolbecker Besitz an die bekannte Familie Scheffer-Boichorst, die besonders in der Endphase des Fürstentums Münster einflussreich war, aber auch im 19. Jahrhundert noch einen Oberbürgermeister für Münster stellte. Reithaus blieb in der Verwandtschaft, nur dass es um die Mitte des 19. Jahrhunderts an den im Jahre 1826 in Paderborn geborenen, berühmten Historiker Julius Ficker ging, der als Professor in Münster, Bonn und endlich Innsbruck wirkte und in der Wissenschaftsgeschichte des 19. Jahrhunderts eine große Rolle gespielt hat. Julius Ficker vermachte Reithaus seinem Bruder Ludwig, dessen Tochter verkaufte den Besitz im Jahre 1898 an die Familie Hohenkirch, die seit etwa 1860 auf dem Pachthof gelebt und gearbeitet hatte. Inzwischen ist der Hof in der vierten Generation in dieser Familie verblieben. Er wird unter strikter Beachtung denkmalpflegerischer Grundsätze erhalten und gepflegt. Reithaus bezieht sich vom Wort her wohl auf das Ried, das in der wasserreichen Umgebung des Kreuzbaches, des Hofes und im Hofteich selbst bis heute gedeiht. Der Gebäudebestand ist beachtlich. Im besonderen Blickpunkt steht die auf einer Teichinsel errichtete sogenannte Burg, die von 1795 datiert und von dem Amtswalter Adam Jacob Henning Scheffer-Boichorst errichtet wurde, gewiss aber ältere Vorgänger hatte. Das älteste erhaltene Haus ist der Speicher von 1680, der 1984 renoviert und als Zweitwohnsitz eingerichtet wurde. Das heutige Haupthaus wurde 1870 errichtet. Es ist von seiner Architektur her ein typisches landwirtschaftliches Gebäude dieser Zeit und dieser Gegend in Backstein mit Werksteingliederungen.

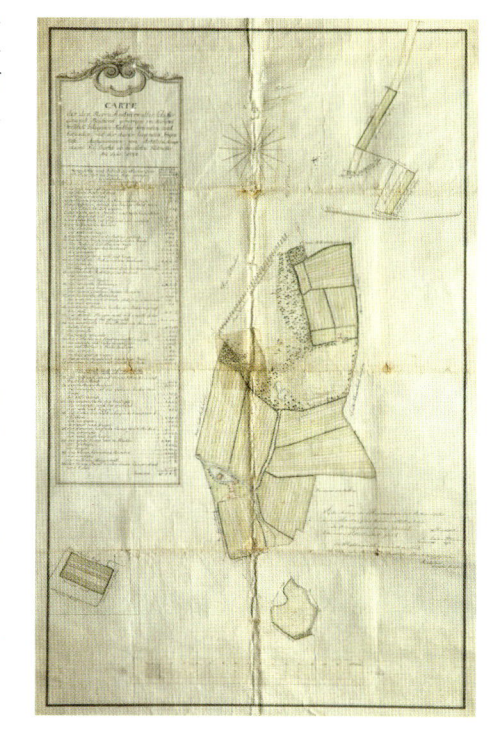

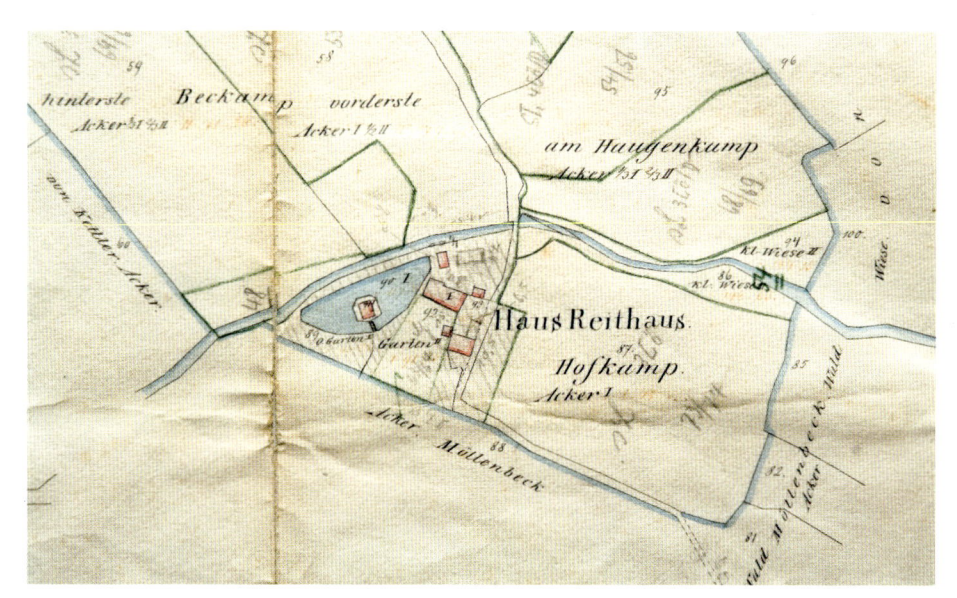

Kartenaufnahmen von 1798 (oben) und 1833 (unten) zeigen, dass Haus Reithaus in seinen Kernbereichen über viele Jahrzehnte nahezu unversehrt auf uns gekommen ist.

Rechte Seite oben: Malerisch liegt die sogenannte Burg von Haus Reithaus auf einer Insel des Hofteiches. Der Bau stammt aus dem Jahre 1795 und dient nach einer Renovierung 1960 wieder Wohnzwecken.

Rechte Seite unten: Der Speicher von 1680 zeichnet sich durch besonders schöne Proportionen aus.

Vorige Seite: Das Haupthaus von Haus Reithaus entstand zwar erst im Jahre 1870, folgt aber in Kubatur und Materialien klassischen Bauformen des Münsterlandes.

MÜNSTER

Fronhof

Wolbeck

Östlich von Wolbeck an der Straße nach Alverskirchen lag ein seit dem Mittelalter belegter Schultenhof des Domkapitels von Münster. Zum Ende des 19. Jahrhunderts ließ der Unternehmer Wilhelm Bischoff hier eine ausgedehnte Gutsanlage und eine städtisch geprägte Villa im Stil des Historismus errichten. Bischoff war durch Zucht und Verkauf von Grubenpferden für den Kohlenbergbau zu einem großen Vermögen gekommen. Kurz vor dem Ersten Weltkrieg erweiterte sein Sohn Ewald die Villa um einen Anbau und gab den großen Gärten ihre prächtige Gestaltung. In seiner Blütezeit verfügte der Fronhof neben der Villa und den Gestüts- und Gartenanlagen über einen Gartenpavillon, eine eigene Orangerie und ein gesondertes Verwalterhaus. Eine prächtige neobarocke Toranlage mit zweiflügeligem Eingangstor aus Schmiedeeisen führt durch die Parkanlagen über eine Steinbrücke zum Haupthaus. In den 1960er Jahren übernahm ein Tennisclub die Villa mit den Gärten und nutzte die Anlagen für den Sport. 1995 erwarb die Familie Rieder den Fronhof und restauriert ihn seitdem Zug um Zug unter Berücksichtigung denkmalpflegerischer Aspekte.

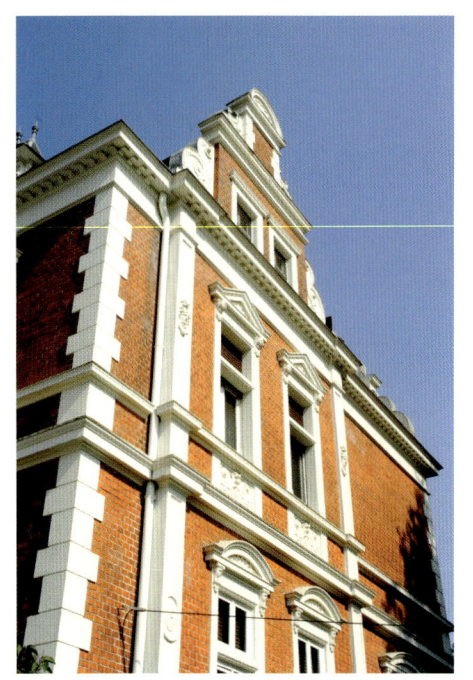

Blick auf den Schaugiebel der Villa des Fronhofs

Blick über die Gestütsanlagen des Fronhofs zur Villa, die Wilhelm Bischoff um 1890 errichten ließ. Auch wenn das Haus dem Historismus verpflichtet ist, sind in der erhaltenen Innenausstattung Elemente des Jugendstils bewahrt.

Jagdpavillon

Wolbeck

Das kleine Gebäude im Tiergarten von Wolbeck stellt den letzten Rest einer einst großen Schlossanlage dar, die im Siebenjährigen Krieg zerstört und 1767 abgetragen wurde. Die Parforcejagd auf den Hirsch galt als besonders edler Zweig des Waidwerks. Die Fürstbischöfe von Münster im 18. Jahrhundert, besonders aber Clemens August von Wittelsbach (Landesherr von 1719 bis 1761), hingen wie eigentlich alle großen Herren jener Zeit dieser Jagdart an. Dabei wurden Hirsche von den Jägern zu Pferde durch große Waldgebiete gehetzt und schließlich gestellt. Andere Wildarten wurden durch den Wald auf die Schneisen und unmittelbar vor die Flinten der Jäger getrieben. Anders als z.B. die Jagd um Schloss Clemenswerth auf dem Hümmling war der Tiergarten in Wolbeck von Wällen, Gräben und einem Holzzaun eingehegt. Die breiten Jagdschneisen erleichterten das Vorwärtskommen der Pferde und machten den Fluchtweg des Wildes einsehbar. Eine der Jagdschneisen führte direkt auf einen barocken Jagdpavillon am Ufer des Flüsschens Angel zu. Von ihm aus konnte vorbeilaufendes Wild beobachtet werden. Nach der Säkularisation des Fürstbistums Münster fiel der Tiergarten an den Preußischen Staat, der Jagdpavillon wurde als Försterei genutzt und blieb so erhalten. Im 19. Jahrhundert wurde die Anlage um eine Remise aus Fachwerk ergänzt.

Die kleine Remise ergänzte den Jagdpavillon, als er vor allem der Försterei diente.

Der ehemalige fürstbischöfliche Jagdpavillon im Wolbecker Tiergarten aus dem Jahre 1712 ist ein zweigeschossiger Backsteinbau mit Werkstücken aus Sandstein. Über der Eingangstür befindet sich das datierte Wappen des Fürstbischofs Franz Arnold von Wolff-Metternich zu Gracht.

Haus Herding

Hiltrup

Hinter dem Haus Herding im Westen der alten Siedlung Hiltrup verbirgt sich der Sitz der Ritter „de Hiltorpe", die sich von einem Teil des alten Schultenhofes Hiltrup abgespalten hatten, den Hof auf Markenland gründeten und den Schutz der um 1180 gegründeten Kirche übernahmen. Auf diesem Wege stiegen sie in die Ministerialität des Bischofs auf. Die Familie verschwindet nach kurzer Erwähnung zu Beginn des 13. Jahrhunderts aus der Geschichte. Das Haus Hiltrup, damals schon mit Gräften bewehrt und befestigt, ging im Laufe der Jahrhunderte durch die Hände mehrerer Familien des münsterischen Stadtadels: Travelmann, von der Wyck, Rensing, von Schwerte, Drolshagen und von Grolle. 1630 ging Haus Hiltrup an die Familie von Herding, die den Besitz bis in das 19. Jahrhundert bewahrte und dem Haus den bis heute üblichen Namen gab. 1838 verkaufte Max-Josef von Herding den Hof an den Freiherrn von Heeremann-Zuydtwyck auf Surenburg, der ihn bis heute langfristig zur Pacht ausgab.

Oben: Das „Prinzipalhaus" von Haus Herding, das im Kern aus dem Jahre 1744 stammt.

Mitte: Ein Zweistock des 19. Jahrhunderts ergänzte die Wohnmöglichkeiten auf Haus Herding

Nebengebäude von Haus Herding, das heute zu Wohnzwecken dient.

Haus Köbbing
Amelsbüren

Die Gemeinde Amelsbüren verfügte nicht nur seit dem Mittelalter über viele große Höfe des münsterschen Domkapitels, sie hat auch gerade im 19. und frühen 20. Jahrhundert mehrere bedeutende Persönlichkeiten für die Landwirtschaft hervorgebracht, die als fachlich orientierte Landwirte, als Standesvertreter oder Politiker einen enormen Einfluss im Münsterland und darüber hinaus gehabt haben. Namen wie Winkelmann, Brüning-Sudhoff und Herold hatten und haben einen guten Klang in Fachwelt und Politik. Gewiss haben hier das Bildungsstreben der größeren Bauernfamilien und die Nähe zur Stadt mit ihren Bildungseinrichtungen ihre Wirkung getan. Der Hof Köbbing wird 1250 mit Johann Cobbing erstmals urkundlich gesichert erwähnt, im Jahre 1288 erwarb ihn das Domkapitel für den Wert von 60 Mark. Bis zur Säkularisation 1803 verblieb Köbbing beim Dom und ging dann an die Preußische Domänen-Verwaltung. Endgültig abgelöst wurde der Besitz erst zwischen 1843 und 1850. Der um 1800 etwa 71 Hektar große Hof gewann durch die Markenteilungen erheblichen Besitz dazu und maß um 1895 etwa 156 Hektar, von denen aber 97 Hektar Waldungen waren. Köbbing kam 1866 in den Besitz der Familie Winkelmann und wurde von dem erst 22 Jahre alten Christoph Winkelmann, der u.a. in Bonn Landwirtschaft studiert hatte, übernommen. Der junge Landwirt initiierte eine ganze Reihe von neuen, vorbildlichen und zukunftsweisenden Anbaumethoden und baute das traditionell so genannte Haus Köbbing zu einem weithin anerkannten Musterbetrieb aus. Natürlich engagierte sich der Hofherr auch in den diversen Standesorganisationen der Landwirtschaft und wurde der dritte Präsident des 1862 gegründeten Westfälischen Bauernvereins, übrigens nach dem „Bauernkönig" Burghard Baron von Schorlemer-Alst und Max Baron von Landsberg-Velen und Gemen der erste Bürgerliche in dieser Position. Der hoch angesehene Landesökonomierat konnte sein Amt aber nur wenige Jahre ausüben, da er schon 1906 nach kurzer, schwerer Krankheit in Berlin verstarb.

Hof Brüning-Sudhoff

Amelsbüren

Der Schulzenhof Sudhoff wurde als Amtshof des Domkapitels von Münster 1252 erstmals urkundlich erwähnt und unter diesem Namen bis 1831 geführt. Ab 1893 wurde er offiziell in Brüning-Sudhoff umbenannt. Der Hof hatte 1708 eine Größe von etwa 170 Hektar, steigerte seinen Umfang aber durch Gewinne aus den Markenteilungen und Zukäufen auf 355 Hektar am Ende des 19. Jahrhunderts. Über die Hofgeschichte liegen vielfältige Informationen vor, da der Sudhoff Oberhof für zehn weitere Erben des Domkapitels Münster war und immer wieder in Urkunden und Akten erwähnt wird. Das Haupthaus brannte 1702 nach Blitzschlag ab, wurde im darauf folgenden Jahr wieder aufgebaut und 1906 in Fachwerkbauweise aufgestockt. Der Speicher stammt von 1849, das Backhaus von 1861 und der Pferdestall von 1894. In den Jahren 1820 bis 1939 wurde auf dem Hofgelände eine Ziegelei betrieben – zunächst für die Produktion von Backsteinen, später auch von Drainagerohren. Die heutige Bewirtschaftung des Hofes liegt in Ackerbau (85 Hektar Landwirtschaftliche Nutzfläche) und Forstwirtschaft (185 Hektar Wald). Die denkmalgeschützten Gebäude bilden mit ihrer Umnutzung und gewerblichen Vermietung den dritten Teil des Betriebseinkommens – sie waren in Form und Größe für die moderne Landwirtschaft nicht mehr wirtschaftlich nutzbar. Eine gewisse Berühmtheit genoss der Hof durch seinen Besitzer Josef Brüning-Sudhoff (1866–1951), der in seiner Zeit als einer der angesehensten Tierzüchter Westfalens galt. Der Landesökonomierat war wegen seiner Erfolge in der Schweinezucht und vor allem der Rot-Bunt-Zucht nicht nur Ehrendoktor der Landwirtschaftlichen Fakultät der Universität Bonn, sondern in zahlreichen Fach- und Standes-Gremien der Bauernschaft vertreten. Hoch angerechnet wurde dem Zentrums-Mitglied seine strikte Haltung gegen die NS-Politik 1933–1945.

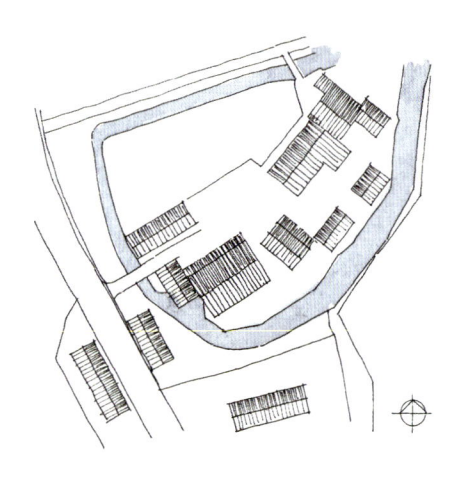

Lageplan der großen, innerhalb der Gräfte liegenden Hofanlage

Der Speicher – idyllisch an der Gräfte gelegen – heute als Wohnhaus genutzt

Die lateinische Bauinschrift erinnert an den Wiederaufbau nach dem Blitzschlag von 1702. Bauherrin ist die Witwe Anna Sutthoff. Die Gestaltung mit dem Hauswappen und die gewählte lateinische Sprache mit einem Chronostichon zeigt die Bildungsansprüche der Besitzerfamilie.

Hofseite des Speichers

Links: Das Haupthaus Brüning-Sudhoff mit vorgelagertem jüngeren Wohnteil

Haus Loevelingloh

Amelsbüren

Die 1283 gesichert erwähnte curtis Ludelinclo war dem münsterschen Domkapitel hörig und ein Amtshof seiner Grundherrschaft. Der Hof gab der Bauerschaft im Norden des Kirchspiels Amelsbüren seinen Namen und ist über die Jahrhundert unter dieser Bezeichnung gut bezeugt. 1498 wirkt hier der Johan Schulte to Lovelinckloe, in der Familie dieses Namens blieb der Hof bis weit in das 19. Jahrhundert. Ackerbau und Viehzucht bildeten immer das Schwergewicht wirtschaftlicher Tätigkeit, zu Beginn des 19. Jahrhunderts gehörten zum Hof ca. 130 Hektar Land, nach der Markenteilung zum Ende des 19. Jahrhunderts schon 180 Hektar. 1722 hatte man 12 Pferde, 46 Kühe und Rinder, 17 Schweine und 25 Schafe. Beachtliche Waldungen, im Jahre 1828 immerhin 65 Hektar, prägten den Besitz. Durch Heirat gelangt der Schulte Loevelingloh im 19. Jahrhundert an die Familie Herold; der Bräutigam war aber kein Bauer, sondern Medizinalassessor und später Professor für Pharmazeutische Botanik an der Universität Münster. Ein Sohn aus dieser Ehe, Carl Herold (1848–1931), übernahm 1870 den Amelsbürener Hof und wurde ein ungewöhnlich erfolgreicher Landwirt. Berühmt wurde Herold durch sein Engagement auf allen Ebenen der westfälischen Bauernvereinigungen und der Genossenschaften sowie als Abgeordneter des Zentrums im Preußischen Abgeordnetenhaus und im Reichstag, sowohl im Kaiserreich als auch in der Weimarer Republik. Er war Mitglied der Weimarer Nationalversammlung und 1930 Alterspräsident des Reichstages. Auf Carl Herold gehen auch die Umbaumaßnahmen zurück, die aus dem Schulte Loevelingloh das Haus Loevelingloh werden ließen, eine aufwändige Stadtvilla, die im Kranz der alten Gräften ihren Platz gefunden hat.

Eine aufwändige Stadtvilla prägt heute den alten Hof Schulte Loevelingloh in der gleichnamigen Amelsbürener Bauerschaft.

Hof Holtschulte

Amelsbüren

Unmittelbar am Kappenberger Damm liegt das ursprüngliche „Halbe Erbe" Hellmann, das im Jahre 1412 als Joh. to Helle erwähnt wird. Der Namen Hellmann bleibt dem Hof bis weit in das 19. Jahrhundert erhalten. Im Jahre 1885 wurde von der Besitzerfamilie Holtschulte ein Neubau errichtet, der aber den klassischen Formen des westfälischen Bauernhauses und auch der „münsterländischen Farbenlehre" mit weißen Fensterrahmen, grünen Klappen, Backstein und rotem Ziegeldach folgt.

Der Giebel am Hof Holtschulte zur Hofseite mit der Niendüör und der Bauinschrift von 1885

Folgende Doppelseite: Die klassisch ausgewogene Seitenfront zum Garten

MÜNSTER 207

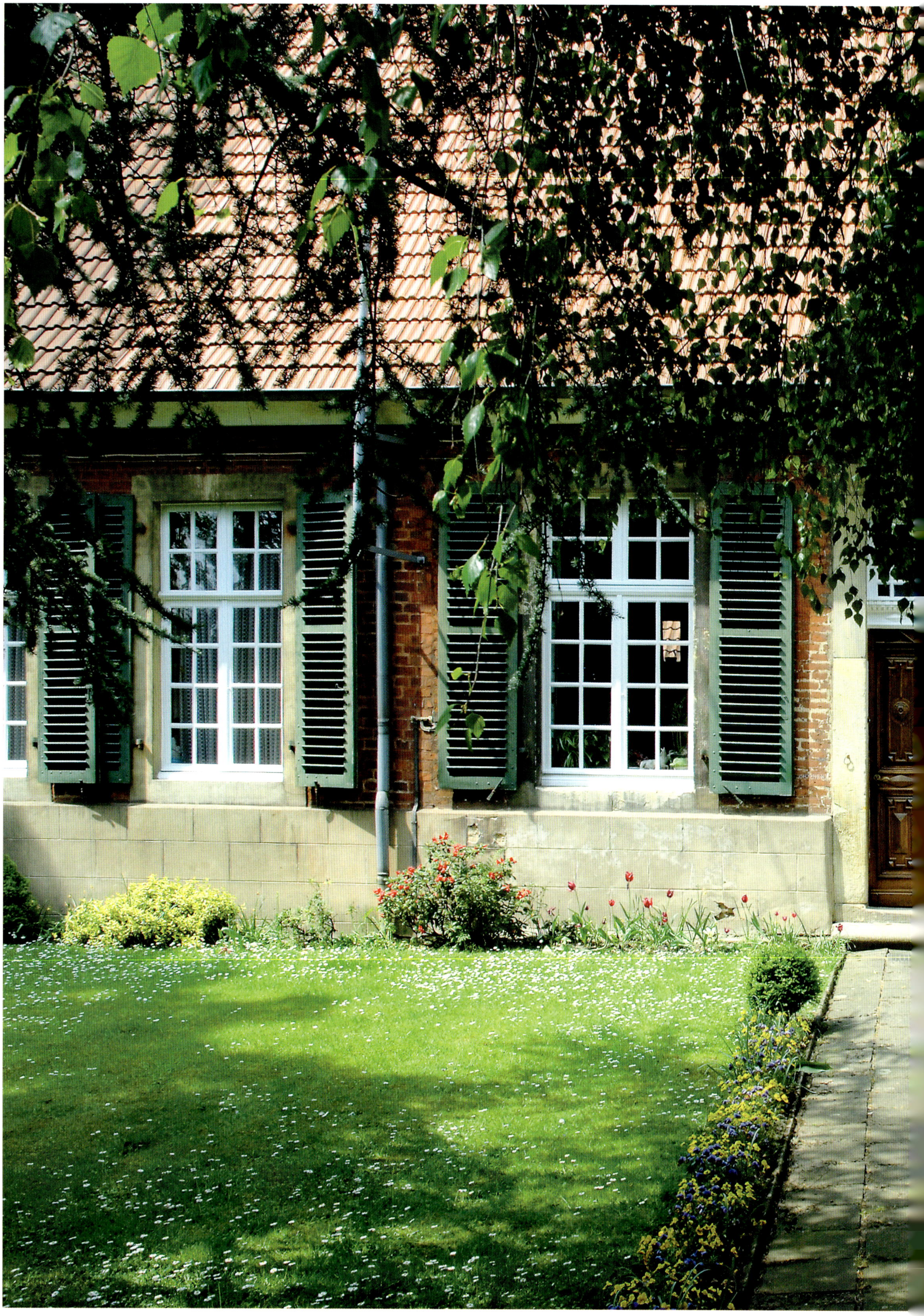

410

Holkenbrink und Lehmkuhl

Albachten

Die beiden Höfe Holkenbrink (oben) und Lehmkuhl (rechte Seite oben) wurden gemeinsam 1940 hierher ausgesiedelt. Der eine noch in traditioneller Form des westfälischen Hallenhauses, der andere als Querdeelenhaus mit seitlichen Toren.

Die Höfe Holkenbrink und Lehmkuhl mussten 1940 dem Ausbau des Flughafens der Luftwaffe in Handorf bei Münster weichen und wurden gemeinsam an den Ortsrand von Albachten ausgesiedelt. Zunächst erfolgte die Bewirtschaftung der Betriebe im üblichen Vollerwerb mit Viehwirtschaft – vor allem Rinder- und Schweinehaltung. Vor etwa 40 Jahren richtete Familie Holkenbrink einen Reiterhof ein, hinzu kam die Zusammenarbeit mit dem Reiterverein Albachten, die in dem Bau einer neuen Reithalle mündete. Dann folgte der Ausbau der Pensionspferdehaltung und vor 28 Jahren die erste Hengsthaltung. 1975 kam die zweite Reithalle hinzu. Heute lautet das Betriebsprogramm: Hengsthaltung, Ausbildung und Pensionspferdehaltung. Es stehen hier zwölf weit über die Landesgrenzen hinaus berühmte Hengste. Die Zucht- und Reiterfolge dieses Hofs haben in Dressur und Springen internationalen Ruf.

So fing es vor etwa 40 Jahren an: Die seitlichen Stallteile an der Hauptdeele wurden zu Pferdeboxen umgerüstet, ebenso andere Hofgebäude.

Das zum Wohnen umgenutzte Hauptgebäude des Hofes Lehmkuhl

Die Entwicklung ist ablesbar: Links die alte Hofstelle, dann folgten weitere Pferdeställe und zwei Reithallen.

Der Schlussstein über dem Hauptdeelentor Holkenbrink

Einer der Junghengste – Ergebnis moderner Pferdezucht für Springen und Dressur

MÜNSTER 211

Schulze Blasum

Albachten

Zwei Haupthöfe bestimmten den engeren Lebensbereich von Albachten, Schulte Albachten oder im Mittelalter Osthof genannt und das 1265 urkundlich gesicherte Erbe Widelinchof, das damals dem Domkapitel in Münster und heute der Familie Schulze Blasum gehörte. Der Namen blieb als Wedelinck, Weylinck oder Wierling über die Jahrhunderte beständig. Im Jahre 1824 gingen die Eigentumsrechte endgültig vom Domkapitel bzw. seinem Rechtsnachfolger auf die Familie über. Mittlerweile hatte sich ein Schulze Isfort eingeheiratet. 1902 gelangte der Besitz im Erbgang an einen Neffen des letzten Schulze Isfort, Heinrich Schulze Blasum aus Stockum. In dritter Generation gehört das Anwesen heute Günter Schulze Blasum. Die Landwirtschaft ist eingestellt, da die hofnahen Ländereien infolge reger Bautätigkeit weitgehend dem Wachstum des Ortsteiles Münster-Albachten zur Verfügung gestellt werden mussten. Der Hof selbst zeigt sich mit seinem recht einheitlichen Backstein-Ensemble aus dem 19. Jahrhundert in erfreulichem Zustand. Hervorzuheben ist ein Speichergebäude aus dem Jahre 1867, das eine gekonnte Mischung aus Backstein und Werkstücken bringt. Im selben Stil glänzt eine zum Hof gehörige Wegkapelle.

Oben links: Die neugotische Kapelle am Hof Schulze Blasum mit ihrer Kreuzigungsdarstellung zeigt dem Speicher ähnliche Gestaltungsformen.

Oben rechts: Der Hofplatz von Schulze Blasum in Albachten mit Blick auf das Haupthaus.

Links: Das Speichergebäude von 1867. Die beiden Geschosse sind durch Gesimse mit Sägeschnittfries betont, die Giebel durch vorkragende Halbkreisbögen unterstrichen.

Haus Kump

Mecklenbeck

Die Besiedlung des Aatals südlich der Stadt Münster setzte wohl mit der Stadtbildung im 9. Jahrhundert ein. Bei einer „villa Gibonbeki", die in einem Werdener Heberegister von 889 genannt wird, dürfte es sich wegen verschiedener Umstände um diesen späteren domkapitularischen Amtshof gehandelt haben, der unter seinem Namen Haus Kump aber erst 1247 genannt wird. Der Hof, dem zahlreiche weitere Siedlungen innerhalb der Grundherrschaft unterstellt waren, lag für die Stadt Münster an strategisch hervorragender Stelle ihrer Süd-West-Grenze im Aatal und wurde entsprechend gesichert. Breite Gräften, die von der Aa gespeist wurden, bildeten mindestens zwei Inseln für das Haupthaus und eine Garteninsel. Der heute so wertvolle Wehrspeicher stand wahrscheinlich unmittelbar aus einer Gräfte auf. Das merkwürdige Gebäude wurde um 1550 errichtet. Das Ergeschoss ist aus Sandstein gemauert, die beiden folgenden Geschosse aus Fachwerk aufgeschlagen. Im Dach sind drei Lagerböden ausgeführt. Das zweite Fachwerkgeschoss kragt wie auch das Dach selbst weit aus und unterstreicht so den Schwung des Gebäudes, das nicht nur zur Lagerung von Getreide, sondern auch zu Wohnzwecken eingerichtet war und deshalb über Kamin, Waschnische und Hängeabtritte verfügte. Bei einer sorgfältigen Renovierung 1979/1980 mit genauer Untersuchung der Bausubstanz wurde auch die ungewöhnliche Außentreppenanlage mit zwei Podesten wieder hergestellt. Haus Kump, malerisch vor den Toren Münsters gelegen, dient heute als ein Zentrum des Pferdesports und hat in seiner Geschichte schon häufig Malern als Objekt gedient. Besonders berühmt ist das Bild „Sommerfreuden" von Otto Modersohn (1865–1943).

Obne: Der Spieker von Haus Kump in Mecklenbeck, ein für Münster ungewöhnliches Baudenkmal, das wohl als Folge seiner Lage in Stadtnähe städtische Bauformen des 16. Jahrhunderts übernommen hat.

Die ungewöhnliche Konstruktion der Außentreppen wurde bei einer Renovierung 1979/80 erneuert.

Im Mühlenhof – Freilichtmuseum

Am Aasee nahe der Innenstadt Münsters entstand seit den 1960er Jahren ausgehend vom Kern einer Bockwindmühle, wie sie schon seit dem Mittelalter die Silhouette der Stadt prägten, ein kleines, auf die Region bezogenes Freilichtmuseum. Eine beachtliche Sammlung von bäuerlichen und handwerklichen Arbeitsstätten teils mit kompletter Ausstattung kam im Laufe der Jahre hinzu und versucht heute, den nachwachsenden Generationen ein Bild von der untergegangenen Lebens- und Arbeitswelt ihrer Vorfahren im Münsterland und dem übrigen Westfalen zu geben. Unter den Gebäuden ragt natürlich der stattliche Gräftenhof Schulte Osterhoff aus der Bauerschaft Schonebeck bei Nienberge hervor. Josef Schepers hatte den großen Bau schon früh genauestens untersucht und seine baugeschichtliche Bedeutung gewürdigt. Als das Haus dennoch am ursprünglichen Platz zu vergehen drohte, erwarb es der Verein „de Bockwindmüel". Man trug Gefach und Gespärr am ursprünglichen Ort Stück für Stück ab und schlug den Schultenhof mitsamt dem dazugehörigen Spieker auf der Sentruper Höhe neu auf. Der prachtvolle Vierständerbau mit seinem besonders malerischen Fachwerk ist im Kern 32,30 m lang und im Deelenbereich 12,75 m breit. Das Kammerfach mit Saal und Doppelkamin wurde von einem Hofbesitzer um 1820 um einen Salon erweitert. Die äußeren Formen des Gräftenhofes Schulte Osterhoff blieben bei der Translozierung von ganz geringen Abweichungen abgesehen erhalten. Das Haus dient heute – im Inneren modernisiert – als Tagungs- und Begegnungszentrum, wobei Flettdeele, Kammerfach und Salon ihren ursprünglichen Charakter bewahrt haben. Als weiteres kleineres Fachwerkjuwel und Zeugnis bäuerlichen Bildungsstrebens darf die Genossenschaftsschule aus der Bauerschaft Ringel bei Lengerich angesehen werden. Sie wurde 1823 auf dem Hof Heitgreß-Oslage erbaut und von den umliegenden Höfen finanziert. Bis 1954 unterrichtete hier ein Lehrer bis zu 130 Kinder in einem Raum von 7 x 11 m. Da das kleine Schulgebäude immer in privatem Besitz verblieb, wurde es nach einem Neubau an anderer Stelle in der Bauerschaft nicht abgerissen, sondern blieb als Treckergarage erhalten. Zwischen 1984 und 1986 erwarb der Mühlenhof das Gebäude mit Spenden aus der genossenschaftlichen Schiene und schlug es als Schulmuseum auf der Sentruper Höhe neu auf. Das außergewöhnlich reiche Fachwerk ist französisch beeinflusst; der Typ dieser Einklass-Schule wurde aber von den preußischen Baubehörden nach 1820 im Münsterland wiederholt in dieser klaren Form umgesetzt.

Eine Bockwindmühle aus Oberlangen im Emsland bildete den Kern des Mühlenhof-Freilichtmuseums am Aasee in Münster.

Der prächtige Gräftenhof Schulte Osterhoff aus der Bauerschaft Schonebeck bei Nienberge ist heute der Stolz des Freilichtmuseums.

Ein Zeugnis des bäuerlichen Bildungsstrebens ist die kleine Landschule aus Ringel bei Lengerich. Schulen dieses Typs entstanden nach 1820 in mehreren Bauerschaften des Münsterlandes.

Im Salon des Gräftenhofes empfing nach 1820 der Schulte Osterhoff seine Gäste. Der Bauherr dieses städtisch anmutenden Raumes wurde von Zeitgenossen als besonders fortschrittlicher Landwirt beschrieben.

Literatur in Auswahl

Schepers, J.: Haus und Hof Westfälischer Bauern, 5. Aufl., Münster 1980

Walter, Fr.: Das Westfälische Bauernhaus, Westfälische Kunsthefte V, Dortmund 1936

Elling, W. – Eiynck, A.: Ländliches Bauen im Westmünsterland, Vreden 1984

Eiynck, A.: Bauernhäuser 1830–1930 in Klassizismus, Historismus und Jugendstil, Vreden 1990

Dehio, G.: Handbuch der Deutschen Kunstdenkmäler – Teilband Westfalen, Stuttgart 1977

Handbuch der Historischen Stätten Deutschlands – NRW – 2. Auflage Stuttgart 1970

Reclams Kunstführer Deutschland – Rheinlande und Westfalen, Stuttgart 1964

Fischer, B.: DuMont – Kunstreiseführer – Münster und das Münsterland, Köln 1982

Fischer, B.: Wasserburgen im Münsterland, Köln 1980

Damm, Th., Grahlmann, G.: Altgebäude als Einkommensquelle – Umnutzung von Bauernhöfen, Hiltrup 1996

BKW = Bau- und Kunstdenkmäler von Westfalen, Teilbände der Altkreise des Münsterlandes

Weitere Hinweise sowie Material verdanken wir verschiedenen Fachstellen, besonders dem

Landschaftsverband Westfalen-Lippe,
Amt für Denkmalpflege (Fotoarchiv)

und der

Landwirtschaftskammer Westfalen-Lippe,
Referat Landwirtschaftliches Bauwesen (Fotoarchiv).

Die Erläuterungsskizzen in den Textteilen sowie in der Münsterlandkarte basieren zu einem Teil auf historischen Fotos aus den o.g. Quellen.

Benutzt, aber nicht im Einzelnen nachgewiesen wurde die sehr umfangreiche heimat- und landeskundliche Literatur zu den einzelnen Gemeinden und Bauerschaften.

GLOSSAR

Bosen
Großer Rahmen aus Fachwerk, innen mit Lehm verputzt, der im Flett über dem offenen Herdfeuer angebracht wurde, den Funkenflug verhinderte und zugleich auch als Räucherplatz für Würste und Schinken diente („Westfälischer Himmel").

Doppelheuerlingshaus
Komplex gebautes Häuschen, oft symmetrisch, das zwei Heuerlingsfamilien als Wohnung diente und meist nur über einen gemeinsamen Kamin in der Hausmitte verfügte.

Dreistaffelgiebel
Giebelform besonders der Renaissance

Drubbel
Unregelmäßige Ansammlung z.B. von Gebäuden

Flett / Flettküche
Durchgehender Raum zwischen Tenne / Deele und dem Kammerfach, Platz des Herdes und der Küche. In der Regel beidseitig durch Außentüren erschlossen.

Flettdeelenhaus
Bauernhaus, mit Deele und davor quergelagertem Flett (s.o.)

Gefache
Reihe der durch die in gleichmäßigen Abständen errichteten Quergebinde entstehenden Räume eines Fachwerkhauses. Gefach und Gespärr (= Dachbalken) bilden gemeinsam das Fachwerkhaus.

Gefachverglasung
Wird häufig bei Umnutzungen angelegt. Felder einer Fachwerkwand werden verglast.

Giebel-Ortgang
Endlinie der Pfannenfläche / Dachhaut an den Giebelseiten; heute oft durch gesonderte Pfannen, sonst durch Bretter (Windfedern) geschützt.

Göpel
Räderwerk, mit dem durch Zugkraft von Pferden drehende Energie zum Antrieb der frühen Maschinen gewonnen wurde.

Hallenhaus
Verbreitetste Form des niederdeutschen Bauernhauses mit langer Tenne, beidseitigen Ställen und folgender Flettküche sowie Kammerfach

Hängeabtritt
In mittelalterlichen Häusern aus Mauern ragende, vorzugweise über Gräften angebrachte kleine Ausbauten, die als Toiletten dienten

Herdhaal
Haken für die Kochtöpfe über dem offenen Feuer, meist verstellbar

Heuerlingshäuser
Kleinere Behausungen der zumeist von größeren Höfen abhängigen Familien; diese erhielten Haus und Garten zur Pacht und hatten im Gegenzug Arbeitspflichten auf dem Haupthof.

Holzschoppe
Schuppen zur Aufbewahrung des Brandholzes

Immenhaus
Bienenhaus (Niederdeutsch Imme = Biene)

Kammerfach
Auf Tenne und Flett folgendes Fach des Vierständerhauses, in dem sich Wohn- und Schlafräume befinden, oft über einem Keller.

Kämpe: Flurform

Karsterscheinungen
Naturerscheinungen, die durch klüftigen Kalkuntergrund entstehen: Bachschwinden, Auswaschungen, Höhlenbildungen und Bewuchs durch Pflanzen, die sich der Trockenheit besonders anpassen: Ginster, Wacholder, Magerrasen etc.

Katzenkopfplaster
Pflaster aus kleinen Findlingssteinen (= Katzenköpfe)

Knagge
Balkenstück, das aus einem Ständer herausragt und z.B. die Fußpfette eines überkragenden weiteren Geschosses trägt.